ROBERT PRÉVOST

LA FRANCE DE L'OUEST DES QUÉBÉCOIS

Libre Expression

DU MÊME AUTEUR
(depuis 1980)

La France des Québécois
Éditions internationales Alain Stanké, Montréal, 1980. Recherches en France. Grand Prix littéraire du tourisme 1980 (France).

Il y a toujours une première fois
Éditions internationales Alain Stanké, Montréal, 1984. Éphémérides.

Les Douglas de Montréal
Extrait de la revue *Le Bugey*, Belley, Ain, France, 1984. Biographies.

Québécoises d'hier et d'aujourd'hui
Éditions internationales Alain Stanké, Montréal, 1985. Biographies.

Bacchus sur nos bords
Extrait de *L'Histoire de l'alcool au Québec*, Éditions internationales Alain Stanké, Montréal, 1986. Pour la Société des alcools du Québec.

Petit dictionnaire des citations québécoises
Éditions Libre Expression, Montréal, 1988. Mots historiques et phrases plaisantes.

Le Paris des Québécois
Éditions Libre Expression, Montréal, 1989. Guide historico-touristique de la Ville Lumière.

Données de catalogage avant publication (Canada)

Prévost, Robert, 1918-
La France de l'Ouest des Québécois
ISBN 2-89111-423-X

1. France — Descriptions et voyages — Guides. 2. Québec (Province) — Civilisation — Influence française. 3. Québec (Province) — Histoire. I. Titre.
DC609.3.P73 1990   914.4'604   C90-096110-4

Maquette de la couverture: France Lafond
Photos et cartes: Robert Prévost
Photocomposition et mise en pages: Composition Monika, Québec

© Éditions Libre Expression, 1990
Dépôt légal: 2e trimestre 1990
ISBN 2-89111-423-X

Table des matières

Note au lecteur

La France de l'Ouest étant vaste et les points d'intérêt québécois fort nombreux, il s'imposait de concevoir nos itinéraires de façon à les répartir par régions tout en leur donnant la continuité d'un circuit Paris/Paris.

Trois formules s'offraient pour ce découpage du territoire : les anciennes provinces, les départements issus de la Révolution ou les actuelles régions touristiques. Nous avons retenu la première puisque la presque totalité de nos rappels historiques ont trait à la Nouvelle-France, dont les annales se sont refermées lorsqu'en 1760, l'étendard aux trois fleurs de lys...

Ferma son aile blanche et repassa les mers

... pour citer un alexandrin de Louis Fréchette. Nous avons pensé préférable de retenir une toponymie qui, sur le plan administratif, a perdu toute signification avec l'avènement des départements en 1789, mais demeure présente à l'esprit des Québécois et au cœur de tant de Français !

Autrement, la Normandie, la Bretagne, la Touraine, pour ne nommer qu'elles, n'auraient figuré dans ce guide qu'occasionnellement ; et comment passer sous silence l'Aunis, la Saintonge et l'Angoumois ?

Samuel de Champlain n'était pas charentais mais bien saintongeais. La Rochelle, maintenant préfecture de la Charente-Maritime, n'était-elle pas capitale de l'Aunis, cette ancienne province qui avait été réintégrée à la couronne au XIVe siècle ? Et lorsque Noël Simard, l'ancêtre de l'une des grandes familles du Québec, quitta Puymoyen, près d'Angoulême, n'est-ce pas à l'Angoumois qu'il disait adieu ?

C'est donc dans l'ordre suivant que se présenteront les anciennes provinces : Normandie, Perche, Bretagne, Aunis, Saintonge, Angoumois, Poitou, Berry, Touraine, Anjou, Maine et Orléanais.

Nous passerons ainsi successivement par les départements de l'Eure, de l'Orne, du Calvados, de la Manche, d'Ille-et-Vilaine, des Côtes-d'Armor, du Finistère, du Morbihan, de Loire-Atlantique, de Vendée, de Charente-Maritime, de Charente, de Haute-Vienne, des Deux-Sèvres, de Vienne, de l'Indre, d'Indre-et-Loire, du Maine-et-Loire, de la Mayenne, de la Sarthe, d'Eure-et-Loire, du Loir-et-Cher et du Loiret.

Ces vingt-trois départements, par ailleurs, sont regroupés en régions administratives : ainsi, celle du Poitou-Charentes en comprend quatre, et sa désignation rappelle une ancienne province, le Poitou, et deux départements qui recouvrent l'Angoumois, l'Aunis et la Saintonge de jadis.

Pour conclure, soulignons que cette France de l'Ouest a également été subdivisée en cinq grandes régions pour les fins de la propagande touristique : Normandie, Bretagne, Centre Loire, Pays de Loire et Poitou-Charentes.

Aux Québécois qui seraient tentés de juger ces différents morcellements bien complexes, rappelons que nous avons, nous aussi, des comtés, des régions administratives et des régions touristiques.

Par ailleurs, nous savons bien que l'ensemble de ces itinéraires — ils représentent quelque 5 000 km — et la visite des points d'intérêt qui les jalonnent exigeraient plus de temps que des vacances annuelles n'en offrent généralement. Aussi le touriste québécois peut-il, au moyen de ce guide, composer son propre itinéraire en retenant les lieux et monuments qui l'attirent davantage. Abondance de biens, c'est connu, ne nuit pas !

Enfin, l'auteur a également conçu cet ouvrage à l'intention des historiens. Il est vrai que les commentaires, dans chaque cas, auraient pu être facilement détaillés, mais il en serait résulté un guide dont le prix de revient aurait été incompatible avec son objectif de vulgarisation, qui est mieux servi par la variété des sujets abordés qu'il ne l'aurait été par un choix de points d'intérêt plus restreint, même si chacun d'eux avait été plus documenté.

Nous nous sommes efforcé de donner avec précision la numérotation des routes, de citer tous les endroits où l'on passe de l'une à l'autre et d'indiquer le kilométrage entre les différents points. Même si l'auteur a parcouru ces itinéraires dans tous les sens pendant huit ans, il est retourné en France de l'Ouest à l'automne 1989, manuscrit en main, pour en vérifier tous les détails sur le terrain.

Il espère que ce pèlerinage historique aux sources de la Nouvelle-France vous procurera autant de joie qu'il a mis d'attention à en répertorier les éléments en sillonnant les vieilles provinces de ce qui demeure notre mère patrie culturelle.

Robert Prévost.

Si, à l'aller ou au retour, vous séjournez à Paris, veuillez noter que les Éditions Libre Expression ont publié du même auteur, en 1989, *Le Paris des Québécois*, un ouvrage de semblable facture, regroupant en des itinéraires pédestres les monuments classiques de la Ville Lumière et plusieurs dizaines de lieux où les Québécois retrouvent des pages de leur histoire.

NORMANDIE
PERCHE

La cathédrale d'Évreux.
Elle eut pour évêque François de Péricard,
oncle de François de Laval, futur évêque de Québec.
Il fit de celui-ci l'un de ses chanoines.

Depuis Paris, deux routes s'offrent pour Rouen : la N 14, par Pontoise, et la N 13, via Mantes-la-Jolie. La distance est sensiblement la même (environ 140 km). Les touristes choisissent généralement la seconde, qui court parallèlement à l'autoroute A 13.

À partir de l'Étoile, l'avenue de la Grande-Armée, puis, au-delà de la porte Maillot, son prolongement à travers Neuilly, l'avenue Charles-de-Gaulle, conduisent à la Défense. Ces deux grandes artères constituent l'amorce même de la N 13, qui passe par Saint-Germain-en-Laye.

Dès après Mantes-la-Jolie, le Québécois soucieux de ses racines ne renoncera pas à un double crochet. Plutôt que d'emprunter sur la droite la N 15 pour un itinéraire direct jusqu'à Rouen, il souhaitera probablement demeurer sur la N 13 et atteindre ainsi, à 27 km de Mantes-la-Jolie, ÉVREUX, chef-lieu du département de l'Eure. Bien qu'à moitié détruite en 1940, la ville possède des monuments remarquables, dont sa cathédrale Notre-Dame (XIIIe et XIVe s.), l'église Saint-Taurin et la châsse du saint de ce nom (XIIIe s.), chef-d'œuvre de l'orfèvrerie gothique, sa tour de l'Horloge, un beffroi de 44 mètres datant de 1490 (donc, deux ans avant la découverte de l'Amérique). Les remparts offrent une agréable promenade, et l'ancien évêché, devenu musée municipal, retient l'attention : en 1613, ce bâtiment accueillait un nouvel évêque, François de Péricard, oncle maternel de François de Montmorency-Laval, qui allait devenir le premier évêque de Québec. François de Péricard, fils de Jean, procureur général au parlement de Normandie, succédait ainsi à son propre oncle, Guillaume, dont il était le coadjuteur.

En 1635, l'évêque d'Évreux fit de son neveu un chanoine dans sa cathédrale. François de Laval n'avait encore que 12 ans ; c'était sans doute pour Mgr de Péricard une façon de venir en aide à sa sœur et à son beau-frère, mais quand celui-ci

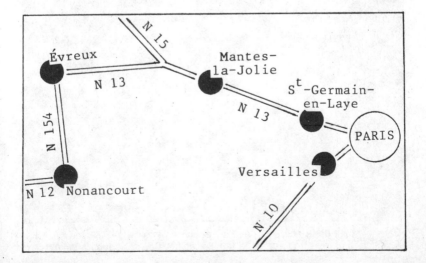

décéda, en 1638, l'évêque persuada le jeune chanoine de renoncer à cette charge afin de s'employer à mieux subvenir aux besoins de sa mère.

À Évreux, emprunter la N 154, qui conduit vers le sud jusqu'à Nonancourt (30 km), où l'on atteint la N 12. Empruntons celle-ci sur la droite : elle est parallèle à une modeste rivière, l'Avre, un affluent de l'Eure, qui prend sa source dans la forêt du Perche. Sur ses bords ont vécu des familles qui occupent une place prépondérante dans l'histoire de la Nouvelle-France.

À une dizaine de kilomètres seulement de Nonancourt se présente TILLIÈRES-SUR-AVRE. Ici, la route est à voies divisées : on la quitte sur la droite, là où un panonceau annonce la proximité du petit bourg. Cette bretelle s'infléchit sous la N 12, vers le sud. En 2 km, on atteint l'église, qui mérite une visite. Sa façade ne laisse pas deviner l'intérêt de sa voûte, qui subjugue l'œil de l'amateur d'art : elle est piquée de clefs pendantes que le ciseau du sculpteur a délicatement ajourées et ciselées.

Côté droit s'ouvre la chapelle de la famille Le Veneur : au-dessus de l'autel, dans la voûte, s'inscrivent les armoiries du célèbre prélat de ce nom, coiffées du chapeau cardinalice.

En 1526, François Ier fait de ce personnage le grand aumônier de France. Sept ans plus tard, il reçoit la pourpre cardinalice à l'occasion du mariage du deuxième fils du roi, le futur Henri II, à Catherine de Médicis, nièce de Clément VII. Le pape s'est déplacé jusqu'à Marseille avec toute sa cour pour célébrer cette union.

L'année précédente (1532), Mgr Le Veneur, déjà abbé du Mont-Saint-Michel, avait accueilli dans cette célèbre abbaye

Dans la voûte de la chapelle des Le Veneur, en l'église de Tillières-sur-Avre, s'inscrivent les armoiries de la famille, coiffées du chapeau cardinalice.

François Ier, alors en route vers la Bretagne afin de négocier le rattachement de celle-ci à sa couronne. Le prélat en profita pour présenter au roi un capitaine chevronné qui avait déjà poussé ses nefs jusqu'au Brésil : Jacques Cartier. Mais il est logique de penser que cette rencontre ne se produisit pas au Mont-Saint-Michel proprement dit mais plutôt au manoir de Brion. Nous y reviendrons plus loin.

Ici, un mot d'explication s'impose. En 1492, l'année même de la découverte de l'Amérique par Christophe Colomb, l'Église de Rome se donnait un nouveau pape, Alexandre VI, qui s'empressa d'émettre une bulle concédant aux rois de Castille et de Léon toutes les « îles trouvées ou à trouver » situées à l'ouest d'un méridien déterminé, ce qui interdisait à toute autre puissance de se les approprier sous peine d'excommunication. D'où le mot attribué à François Ier : « Je voudrais bien voir l'article du testament de notre père Adam qui lègue aux rois de l'Espagne et du Portugal les terres nouvelles situées à l'ouest ! »

Clément VII (Jules de Médicis) avait succédé à Alexandre VI. Or, Mgr Le Veneur s'était lié d'amitié avec le neveu du nouveau pape, le cardinal Hippolyte de Médicis, qui exerçait une grande influence sur son oncle. C'est grâce à cela, dit-on, que Clément VII modula la bulle de son prédécesseur, stipulant que celle-ci ne s'appliquait qu'aux « continents connus et non aux terres ultérieurement découvertes par d'autres couronnes ».

Et c'est ainsi qu'en 1534, Jacques Cartier put faire voile vers les « terres neuves » et prendre possession du Canada.

En sortant de l'église, poursuivre jusqu'à la petite place de la commune et y emprunter sur la droite, au bureau de poste, un chemin étroit et montant. On atteint aussitôt une fourche : prendre sur la gauche ; on arrive ainsi à un petit parc doté d'un important fragment de rempart qui sert d'assise à une maison bourgeoise.

Les fenêtres que l'on distingue sous le cordon de ce mur donnent sur des salles voûtées remarquables qui soutenaient

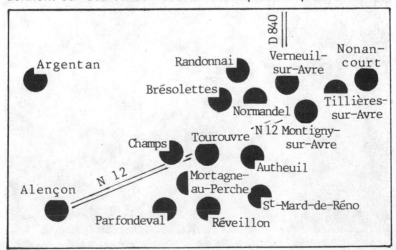

une aile du château des Le Veneur et que les Allemands avaient murées pendant l'occupation pour y remiser des motocyclettes ! Le propriétaire de ces voûtes, un artiste-peintre, les a heureusement restaurées.

En revenant sur la place, quitter le bourg par la D 30, qui franchit aussitôt l'Avre. Dès après, emprunter sur la droite la D 102 : 6 km plus loin, voici MONTIGNY-SUR-AVRE. D'un cardinal qui fut à l'origine de la prise de possession du Canada, passons à un évêque dont nous avons évoqué le souvenir à Évreux et qui fonda l'Église de la Nouvelle-France.

Ici est né François de Montmorency-Laval en 1623. La modeste église où il reçut le baptême existe toujours et la petite place sur laquelle elle s'ouvre porte le nom du plus illustre fils de la commune.

À l'intérieur, sur la droite, on aperçoit un haut-relief de belle taille portant les armoiries du Québec et celles des Montmorency-Laval.

EN ÉRIGEANT CE MONUMENT
À FRANÇOIS DE MONTMORENCY
1623 — LAVAL — 1708
DANS L'ÉGLISE DE SA PAROISSE
LA PROVINCE DE QUÉBEC
A VOULU EXPRIMER SA FIDÈLE GRATITUDE
NON SEULEMENT AU PREMIER ÉVÊQUE DE LA NOUVELLE
FRANCE MAIS À LA MÈRE PATRIE.
EN S'ASSOCIANT À CET HOMMAGE
LA FRANCE
FIÈRE ET RECONNAISSANTE A VOULU HONORER
UN DE SES FILS ET TÉMOIGNER AUX CANADIENS
FRANÇAIS LA FIDÉLITÉ DE SON MATERNEL SOUVENIR

Château de Hugues de Laval, sur les bords de l'Avre.

L'église de Montigny-sur-Avre, où François de Laval reçut le baptême.

Tout près de l'église, on aperçoit le château où le personnage a vu le jour. Le père, Hugues de Laval, était seigneur de Montigny ; la mère, Michèle de Péricard, était la sœur de deux évêques : celui d'Évreux, nous l'avons vu, et celui d'Avranches (non loin du Mont-Saint-Michel).

À l'âge de 8 ans, le jeune François reçoit la tonsure car ses parents le destinent au sacerdoce. En 1638, Hugues de Laval décède, laissant huit enfants dont la mère peut difficilement assumer la formation à cause de revenus trop modestes.

Quelques années passent et François perd ses deux frères aînés à la guerre, l'un à Fribourg, l'autre à Nordlingen. Le jeune homme, devenu ainsi seigneur de Montigny, abandonne momentanément ses études et revient au château natal pour soutenir sa mère dans la gestion de ses biens et l'éducation des jeunes enfants.

L'évêque d'Évreux juge qu'il serait sage que l'abbé de Montigny, ainsi qu'on désigne déjà le futur prêtre, abandonne sa vocation pour fonder une famille afin d'assurer la succession de ses frères décédés, mais sa résolution demeure inébranlable. Il a étudié au collège de La Flèche, puis à Paris. Un souffle missionnaire venu de la Nouvelle-France et véhiculé par les *Relations* des jésuites anime les jeunes qui fréquentent les collèges de cet ordre.

En 1646, François de Laval retourne à Paris afin d'y continuer sa préparation au sacerdoce. On sait le reste. Nommé vicaire apostolique de la Nouvelle-France en 1659, il en devint le premier évêque quinze ans plus tard. En 1980, l'Église reconnaissait ses vertus en l'admettant dans les rangs des bienheureux.

Ne nous attardons pas davantage sur les bords de l'Avre, car la Normandie nous réserve bien d'autres lieux évocateurs des origines de l'Amérique française. Reconnaissons que ce premier crochet valait le détour, mais nous vous en avions annoncé un second.

Revenons à la N 12 et empruntons-la de nouveau vers l'ouest. Tout de suite se présente VERNEUIL-SUR-AVRE, petite ville jadis fortifiée que domine la tour flamboyante de l'église de la Madeleine (XVIe s.); une autre église, placée sous le vocable de Notre-Dame (romane, XIIe s.), possède une collection de statues qui en font un véritable musée de la sculpture d'inspiration régionale. Enfin, on peut visiter la tour Grise, un donjon cylindrique (XIIe s.) haut de 35 m.

Au-delà de Verneuil-sur-Avre, la N 12 aborde l'ancien comté du Perche, dont la majeure partie se trouve incluse dans la région touristique de Normandie. Déjà, le visiteur québécois se sent une nouvelle fois chez lui: le Perche n'a-t-il pas été une pépinière de solides pionniers pour la Nouvelle-France, notamment pour la côte de Beaupré, située en aval de Québec, sur la rive gauche du Saint-Laurent? Donc, un autre crochet prometteur.

Tant de bourgs du Perche ont doté la lointaine colonie d'Amérique de bâtisseurs de lignée qu'on ne saurait les signaler tous dans le cadre d'un guide comme celui-ci. On trouve dans les églises du Perche des dizaines de plaques, presque toutes de même facture, rappelant le souvenir d'un ou de quelques colons qui ont franchi l'Atlantique dès le XVIIe siècle, dans le sillage de Robert Giffard. Nous devons cependant, dans le cadre du présent ouvrage, nous limiter à une dizaine de figures de proue, à la faveur d'un circuit d'une soixantaine de kilomètres.

À 17 km à l'ouest de Verneuil-sur-Avre, toujours sur la N 12, voici la commune de Saint-Maurice-lès-Charencey. Emprun-

Dans cette maison, à Randonnai, aurait vu le jour Pierre Tremblay, ancêtre de tous les Tremblay de l'Amérique du Nord.

tons-y, sur la droite, la D 278, qui, à 3 km, traverse NORMAN-
DEL, où Philibert Tremblay et Jeanne Coignet se marièrent ;
leur fils, Pierre, allait devenir l'ancêtre de tous les Tremblay de
l'Amérique du Nord. Trois autres kilomètres plus loin, toujours
par la D 278, nous atteignons RANDONNAI, d'où, justement,
Pierre Tremblay partit pour la Nouvelle-France en 1647 ; la
maison où il a vu le jour a subsisté jusqu'à maintenant et, dans
l'église communale, une inscription rappelle sa mémoire.

Nous allons maintenant pénétrer dans la forêt du Perche,
au centre de laquelle on trouve l'Étoile. De celle-ci rayonnent
huit R.F., c'est-à-dire des routes forestières, qui ne sont pas
intégrées au réseau régulier des communications, et qui, par
conséquent, ne portent pas de numéros d'identification. Elles
sont toutefois confortables et rectilignes.

Nous sommes arrivés à Randonnai par la D 278. Retournons vers le sud, mais par la D 918. À 2,30 km de Randonnai,
prendre, sur la droite, la route forestière qui se présente. La
suivre sur 2,50 km, soit jusqu'au carrefour de l'Étoile du Perche.
Contourner celle-ci par la droite, puis s'engager sur la troisième
route forestière, toujours sur la droite. Il suffit de 2 km pour
arriver à BRÉSOLETTES et à son pittoresque étang. D'ici sont
partis pour le Canada, en 1646, les deux frères Pelletier, Guillaume et Antoine. Dans la petite église du bourg, le journaliste
Gérard Pelletier, alors ambassadeur du Canada en France, a
dévoilé une inscription en leur honneur. En face de l'église, une
enseigne indique la direction de la Cristerie, l'ancien domaine
des Pelletier.

Revenons à l'Étoile par le même chemin forestier et engageons-nous sur le suivant, toujours sur la droite. Après 5 km,
nous sortons de la forêt pour déboucher sur la D 930. Tournons
à gauche, franchissons la D 32 et roulons jusqu'à Lignerolles
(2 km), puis prenons sur la droite la D 273. Nous approchons
de CHAMPS (2,50 km), le bourg que Louis Guimont quitta en
1657 pour la Nouvelle-France. L'Église, remaniée au XVIe siècle,
est de style roman, et son clocher, très sobre et de plan carré,
se dresse en son centre et s'orne d'une fenêtre flamboyante.
Le maître-autel est en marbre. Au grand arc séparant la nef du
chœur s'offre un décor en fer de style Louis-XV, portant une
Cène du peintre Maurice Denis. Près des fonts baptismaux, une
inscription en l'honneur du pionnier. Rappelons que Louis Guimont allait être le premier miraculé de Sainte-Anne-de-Beaupré.
Il devait périr plus tard aux mains des Iroquois.

Revenons à la D 32 et tournons à droite. À peine 5 km
et nous sommes à TOUROUVRE, patrie de la famille Mercier,
dont un membre prestigieux, prénommé Honoré, fut Premier
ministre du Québec.

Tourouvre mérite une mention particulière. Vers 1650,
quatre-vingts pionniers quittèrent cette commune et les bourgs
environnants pour la Nouvelle-France. L'un d'eux se nommait
Julien Mercier. En 1891, Honoré Mercier visite Tourouvre et il

L'église de Tourouvre s'orne de deux vitraux
illustrant le départ de Julien Mercier pour la Nouvelle-France, vers 1650,
et la visite d'Honoré Mercier en 1891.

promet d'offrir deux vitraux à l'église paroissiale ; on peut toujours les y admirer. Le premier nous montre Julien Mercier au moment du départ ; son père lui recommande : « N'oubliez jamais ni Dieu, ni la France. » Le second représente Honoré Mercier portant la livrée distinctive des comtes palatins (Léon XIII venait de lui accorder cette haute dignité romaine) et accueilli par le curé-doyen Marre-Desperriers ; en liséré : « Nous n'avons oublié ni Dieu, ni la France. » Honoré Mercier décéda en 1894 ; une inscription, dans l'église, rend hommage à sa mémoire : « Ses œuvres lui ont ouvert la porte de l'histoire, et sa foi, celle de l'éternité. »

Dans la même église, une plaque rappelle depuis 1960 le départ pour le Canada des trois frères Mathurin, Jean et Pierre Gagnon, en 1640. Une deuxième évoque la mémoire de Robert Giguère, baptisé ici en 1616, ancêtre de tous les Giguère de l'Amérique. Une autre comporte les noms de vingt-cinq pionniers venus de Tourouvre et des environs. Enfin, deux vitraux redisent l'attachement de Tourouvre au Canada ; l'un d'eux, offert par le curé à l'occasion de la visite d'Honoré Mercier, représente un ange : « Ange de Dieu, veille sur les habitants de Tourouvre et leurs compatriotes du Canada. » L'autre, orné des armoiries du Canada, évoque la Libération : « 13 août 1944 — In memoriam. »

Tout près de l'église, dans un bâtiment ancien, la commune a ouvert un modeste musée dédié au souvenir de tous les colons qui, fuyant la taille, assoiffés de grands espaces, aspirant à se fixer sur des terres fertiles, accordèrent fort justement leur confiance au seigneur Giffard et quittèrent la région pour les rives du Saint-Laurent.

À Tourouvre, on peut voir la maison qu'habitait Louis Guimont, déjà mentionné, sur le domaine de la Mulotière, qui appartenait à Mathurin Mauduit, lui-même percepteur de taille. La maison ancestrale des Mercier existe toujours : depuis la N 12, la D 32 conduit vers Tourouvre ; si on s'y engage, on gravit presque aussitôt une petite côte ; après en avoir descendu l'autre versant, on voit un chemin de terre se présenter sur la droite : il vous y amène ; la maison est isolée, au milieu d'un agréable jardin.

Tout à côté de Tourouvre, à 3 km par la D 282, BIVILLIERS constitue un autre lieu de haut intérêt pour les Québécois ; dans l'église, une plaque rappelle la mémoire de Mme de La Peltrie, cofondatrice des ursulines de Québec. Madeleine de Chauvigny se destinait à la vie religieuse mais son père préférait la voir mariée. Elle épousa Charles de Gruel, seigneur de La Peltrie, dont le manoir existe toujours près de l'église. Devenue veuve en 1628, elle employa sa fortune au soutien de bonnes œuvres et c'est grâce à sa générosité qu'en 1639 trois ursulines, dirigées par Marie de l'Incarnation, se fixèrent à Québec. Elle les accompagna et décéda en Nouvelle-France en 1671.

De Tourouvre, par la D 290, revenons à la N 12 ; au sud de celle-ci, voici la petite commune d'AUTHEUIL, dont l'église est l'une des plus authentiquement romanes de la région ; sa nef date du Xe siècle, et ici a été baptisé, vers 1590, nul autre que Robert Giffard, sieur du Moncel, seigneur de Beauport, au Québec, promoteur de l'émigration percheronne au Canada. Quant au Moncel, c'est un lieu-dit situé non loin de l'église. Le mérite de Giffard fut d'avoir réussi là où avaient échoué les compagnies auxquelles le roi avait octroyé le privilège exclusif

L'église d'Autheuil, où le promoteur de l'émigration percheronne, Robert Giffard, reçut le baptême.

du commerce des fourrures en échange de l'engagement de
conduire un nombre significatif de colons dans la vallée du
Saint-Laurent. En 1634, on lui avait octroyé la seigneurie de
Beauport, en aval de Québec. Chirurgien et apothicaire, il jouis-
sait de l'estime et de la confiance des Percherons. Plusieurs
dizaines de ceux-ci n'hésitèrent pas à le suivre au Nouveau
Monde, s'emparant du sol, fondant de prolifiques familles.

Par la N 12, nous ne sommes qu'à une douzaine de
kilomètres de MORTAGNE-AU-PERCHE, chef-lieu du département de l'Orne, commune jumelée à Boucherville, située sur la
rive droite du Saint-Laurent, un peu en aval de Longueuil, cette
dernière ville faisant face à Montréal.

C'est Marguerite de Lorraine, duchesse d'Alençon et comtesse du Perche, qui fit poser la première pierre de l'église de
Mortagne en 1490, soit deux ans avant la découverte de l'Amérique. Une chaire monumentale capte l'attention dès que l'on
pénètre dans ce monument, mais, sur la gauche, un vitrail haut
en couleur domine par sa luminosité : il évoque une autre figure
de premier plan des origines de l'Amérique française, Pierre
Boucher, que l'on a appelé «le Patriarche de la Nouvelle-
France». C'est ici qu'il fut baptisé, en 1622.

Dans la partie supérieure du vitrail, on le voit à La Rochelle,
entouré de soldats et de colons, à l'occasion d'un départ pour
le Canada, en 1662. Au-dessous, le verrier a reconstitué un
combat qu'il avait livré neuf ans plus tôt aux Trois-Rivières, un
modeste poste dont il assumait le commandement et qui est
devenu une ville moderne de 70 000 habitants, à mi-chemin
entre Montréal et Québec. À Mortagne-au-Perche, une importante résidence porte le nom de Boucherville ; chacun de ses
douze blocs d'appartements évoque le nom d'une pionnière ou
d'un pionnier du Québec, sauf un, qui ne se fixa pas en Nou-

Cette plaque, dans l'église d'Autheuil, rappelle que Robert Giffard
était membre de la Compagnie des Cent-Associés.

C'est de cette ferme de Saint-Mard-de-Réno que Marin Chauvin
dit Lafortune partit pour le Canada en 1648.

velle-France mais en fut l'intendant pendant vingt ans, un autre
fils du Perche, Gilles Hocquart, né en 1694, à Mortagne même.

La tentation de s'attarder au Perche est grande car, ainsi
que nous le signalions, nombreuses sont les plaques de marbre
qui, dans les églises communales, comportent, profondément
burinés, les noms de colons qui ont fait souche sur nos bords
et ont été ainsi à l'origine de prolifiques lignées dont les racines
ont conquis le continent nord-américain.

Visitons trois autres de ces communes situées au sud de
Mortagne.

Sortons de Mortagne par la D 8. En 7 km, nous sommes
à SAINT-MARD-DE-RÉNO, dont l'église, un monument du XVIe
siècle, est remarquable, avec sa nef unique, son abside romane,
son clocher carré avec toit en bâtière. C'est de ce bourg, plus
précisément de l'actuelle ferme du Grand-Mesnil, qu'en 1648
Marin Chauvin dit La Fortune et son épouse Gilette Beaune
partirent pour aller se fixer à Montréal. De nos jours, cet agréable
domaine est la propriété de Parisiens. L'une de ses dépen-
dances fut jadis une chapelle, car au-dessus de la porte subsistent les lettres « J H S », qui dominent des armoiries à demi
effacées.

À Saint-Mard-de-Réno débute la D 272 : à 7 km se présente
RÉVEILLON, dont l'église possède une puissante tour carrée
de quatre étages à contreforts d'angle surmontés de pinacles
flamboyants à crochets. Ici fut baptisé Toussaint Giroux, qui, à
Québec, épousa Marie Godard. L'inscription commémorant son
départ nous dit qu'il était né en 1633, au Bignon. La maison
où il a vu le jour, à 1 km de l'église, est devenue un bâtiment
utilitaire de ferme.

Après Réveillon, la même D 272 conduit à PARFONDEVAL
(5 km), dont l'église a une abside romane et un clocher sur
faîtage ; le nom de ce bourg date du XIIIe siècle : *Profunda
Vallis*. Ici fut baptisé, vers 1629, Jean Trudel, parti pour le
Nouveau Monde en 1655. On peut encore voir, remaniée depuis

lors, la maison qu'il quitta. Rappelons que c'est dans sa demeure, en 1664, que fut célébrée la première messe à L'Ange-Gardien, sur la côte de Beaupré, où un monument fut dévoilé dès 1911 à sa mémoire. Après avoir lu l'inscription qui se trouve dans l'église, à Parfondeval, remarquons le retable classique qui épouse la courbe de l'abside, et la copie du tableau de Ribera, *L'Adoration des bergers*, dont l'original est au musée du Louvre, à Paris.

C'est à regret que nous quittons le Perche, la Mecque, pourrait-on dire, de beaucoup de généalogistes québécois. À lui seul, cet ancien comté pourrait faire le sujet d'un guide particulier. Reconnaissons, avant de reprendre notre périple, que ce crochet valait bien le détour !

De Parfondeval, revenons à Mortagne par la D 931 (7 km), puis à la N 12 (3 km). Celle-ci ramène à Verneuil (36 km). Nous y reprenons notre périple en tournant vers le nord sur la D 840, qui, via Breteuil, Conches-en-Ouche et Le Neubourg, conduit à Elbeuf (66 km). De là, contournant une boucle de la Seine, on peut emprunter la N 138 jusqu'au cœur de Rouen (20 km).

Par ailleurs, si, également par la N 138, on souhaite aborder Rouen par la N 338, qui se présente sur la gauche au-delà de la Grande-Couronne et qui devient presque aussitôt la D 3, on passe par la commune du GRAND-QUEVILLY, qui compte une vingtaine de milliers d'habitants, étant ainsi l'une des plus importantes de la proche banlieue de Rouen. Le Grand-Quevilly et Lévis, en face de Québec, sont jumelés. Le Grand-Quevilly a son centre commercial du Québec, et Lévis, sa place du Grand-Quevilly, devant l'Hôtel de Ville.

Ce vitrail de l'église de Mortagne-au-Perche évoque le départ de
Pierre Boucher et de colons percherons pour la Nouvelle-France en 1662.

R O U E N

C'est la plaque tournante du tourisme en haute Normandie. Tous les guides en chantent fort justement l'imposant patrimoine. Sa cathédrale Notre-Dame (XIIIe et XIVe s.) est sans conteste l'une des plus belles de France, avec sa façade grandiose hérissée de clochetons et flanquée de deux altières tours, ses trois portails remarquablement sculptés, les vitraux de son chœur, sa chapelle de la Vierge abritant le tombeau des cardinaux d'Amboise, son déambulatoire éclairé de verrières du XIIIe siècle. On n'en finirait plus d'énumérer les richesses culturelles de ce monument.

Et que dire du quartier de la cathédrale, avec ses rues anciennes, ses vieilles maisons pittoresques, sa place du Marché où une chapelle de construction récente rappelle l'ultime sacrifice de la Pucelle? Comment ne pas mentionner aussi la remarquable église Saint-Maclou, de style flamboyant (XVe et XVIe s.), l'hôtel des Bourgtheroulde, gothique flamboyant et Renaissance, l'imposant Palais de Justice, le «Gros-Horloge», le plus populaire monument de la ville, flanqué d'un imposant beffroi (fin XVIe s.)?

À ces incomparables richesses patrimoniales s'ajoutent des points d'intérêt québécois. Par exemple, le «Gros-Horloge» domine une rue piétonnière qui, si on la remonte depuis la place du Marché, débouche sur la façade de la cathédrale. Dès que l'on a passé le beffroi, une inscription se présente au regard, sur la gauche:

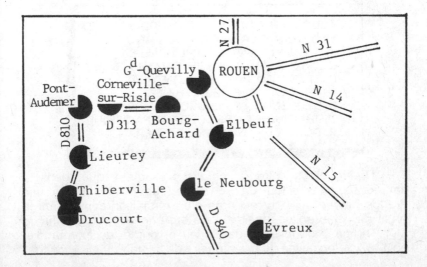

À Rouen, la rue dite « du Gros-Horloge » va de la place du Marché
à la cathédrale. Sur la gauche, une plaque évoque
la mémoire de Robert Cavelier de La Salle.

SUR LA PAROISSE SAINT-HERBLAND
S'ÉLEVAIT LA MAISON OÙ NAQUIT
Robert CAVELIER de La SALLE
ASSASSINÉ AU TEXAS LE 19 MARS 1687.
IL FONDA PRÈS DE MONTRÉAL
LA VILLE DE LACHINE.
IL DESCENDIT LE FLEUVE MISSISSIPPI.
EXPLORATEUR ET CONQUÉRANT PACIFIQUE,
IL DONNA LA LOUISIANE À LA FRANCE

Rouen est si fière de ce fils prestigieux que, dans la
cathédrale, sous la tour Saint-Romain (côté de l'Évangile), une
grande plaque de marbre s'orne d'un médaillon comportant le
profil du célèbre Rouennais ; elle a été érigée par les soins de
Mgr Thomas, archevêque de Rouen et primat de Normandie,
en 1887, à l'occasion du bicentenaire de la mort du personnage :

À LA MÉMOIRE DE
ROBERT CAVELIER DE LA SALLE
BAPTISÉ À ROUEN LE 22 NOVEMBRE 1643
EN LA PAROISSE DE SAINT-HERBLAND
AUJOURD'HUI RÉUNIE À L'ÉGLISE CATHÉDRALE
DE NOTRE-DAME.
ANOBLI LE 13 MAI 1675 PAR LOUIS XIV
EN RÉCOMPENSE DES SERVICES RENDUS À SON PAYS,
MORT LE 19 MARS 1687
APRÈS AVOIR DÉCOUVERT ET EXPLORÉ
LES BASSINS DE L'OHIO ET DU MISSISSIPPI
ET PENDANT VINGT ANNÉES, DU CANADA
AU GOLFE DU MEXIQUE,
FAIT CONNAÎTRE AUX SAUVAGES DE L'AMÉRIQUE
LA RELIGION CHRÉTIENNE ET LE NOM FRANÇAIS

Sur la droite, après avoir franchi le portail de la cathédrale, voici la chapelle Saint-Étienne. Elle abrite le tombeau de Claude Groulard, premier président du parlement de Normandie ; une statue le représente en prière, et, en face, un gisant rappelle sa deuxième épouse, Barbe Giffard. Claude Groulard fut le fidèle compagnon des heurs et malheurs d'Henri IV. Il a contribué à la réalisation des grands projets royaux à l'égard de l'Acadie et de la Nouvelle-France. Tout comme les marchands de Rouen, de Dieppe, de Honfleur et de La Rochelle qui furent à l'origine des premières explorations de la côte atlantique et de la vallée du Saint-Laurent, il était huguenot, mais il abjura.

Ne quittons pas Rouen sans admirer, non loin de la cathédrale, le portail et la façade du lycée Corneille, l'ancien collège des jésuites que fréquenta Cavelier de La Salle et où il fut très

Tombeau de Claude Groulard, dans la cathédrale de Rouen.

probablement le condisciple du premier fils de l'auteur du *Cid*.
Corneille y a d'ailleurs sa statue, que l'on distingue à travers
la grille. La maison natale du grand poète dramatique existe
toujours, près de la place du Marché.

Les fervents d'histoire peuvent consulter à la Bibliothèque
publique, rue Thiers, où l'on conserve les registres de l'état
civil, l'acte de baptême de Cavelier de La Salle (22 novembre
1643). Une grande école de la ville porte le nom du célèbre
explorateur.

Le Canada était présent dans l'esprit des banquiers et des
marchands rouennais avant même que Cartier n'en prît possession. Non seulement espéraient-ils y trouver une nouvelle route
vers les épices du Cathay et des Indes, mais ils souhaitaient
aussi y mener de lucratifs commerces. Dès le début du XVIe
siècle, de hardis navigateurs étaient allés en reconnaître les
côtes depuis les ports normands. Le 21 septembre 1509, n'avait-
on pas promené dans les rues de la ville sept « sauvages »,
avec leurs armes, leurs vêtements et leurs embarcations, rame-
nés des « terres neuves » par le capitaine honfleurais Jacques
de Rufosse à bord de *La Bonne Aventure* ?

Depuis Rouen s'offre un éventail de destinations « québécoises » où l'on a nettement l'impression de tenir le pouls des
commencements de la Nouvelle-France.

Notre prochaine étape constituera en quelque sorte un
double « pèlerinage », qui permet de mesurer à la fois l'œuvre
des pionniers de l'Amérique française et l'ultime sacrifice des
soldats canadiens qui, trois siècles plus tard, débarquèrent sur
la côte normande pour la soustraire au joug de l'occupant : c'est
en effet pour Dieppe que nous quittons Rouen. Par la N 27, la
distance est de 49 km.

Gisant de Barbe Giffard, épouse de Claude Groulard,
dans la cathédrale de Rouen.

DIEPPE

C'est sur les plages de Normandie que débarquèrent en 1944 les troupes alliées chargées de libérer l'Europe du joug nazi, mais, deux ans plus tôt, Dieppe avait été le théâtre d'un holocauste, et sur une grande plage rocailleuse, face à la Manche, une stèle semble monter la garde. Quand un Québécois s'en approche, un sentiment de tristesse et d'orgueil l'étreint :

> À LA MÉMOIRE
> DE CEUX QUI, PARTIS
> DU CANADA, ONT VERSÉ
> LEUR SANG SUR LA
> TERRE DE FRANCE
> EN COMBATTANT
> SOUS LA BANNIÈRE
> D'UN RÉGIMENT
> CANADIEN
> FRANÇAIS
>
> LES FUSILIERS
> MONT-ROYAL

Si les Dieppois se sont associés au gouvernement du Québec et aux Fusiliers pour ériger ce memento, ils avaient déjà évoqué ce « faux débarquement » de 1942, conçu par les stratèges, dit-on, pour évaluer le degré de pénétrabilité du sys-

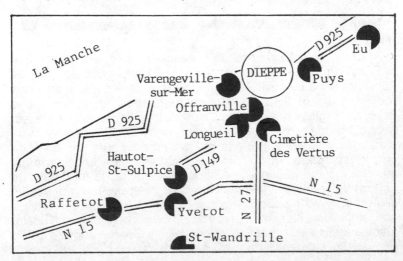

Stèle des Fusiliers Mont-Royal, sur la plage de Dieppe.

tème de défense mis en place le long de la côte par l'occupant. À deux pas de la plage fatidique, sous les murs du vieux château, dans un parc élégant qui porte d'ailleurs le nom du Canada, une autre inscription, sertie dans un décor de lierre, évoque ce drame :

LE DIX-NEUF AOÛT MIL NEUF CENT QUARANTE-DEUX
SUR LA PLACE DE DIEPPE
NOS COUSINS CANADIENS
TRACÈRENT DE LEUR SANG
LA VOIE DE NOTRE LIBÉRATION FINALE
PRÉSAGEANT AINSI LEUR RETOUR VICTORIEUX
DU PREMIER SEPTEMBRE MIL NEUF CENT QUARANTE-
QUATRE

Mais, nous le disions précédemment, le souvenir des fondateurs du XVIIe siècle et celui des libérateurs du XXe se superposent à Dieppe. Au centre de ce même parc, entre deux feuilles d'érable florales, un monument rend hommage à des noms prestigieux qui émaillent les fastes de l'histoire du Québec, dont ceux de Pierre de Chauvin, qui, dès l'an 1600, en construisant une maison à Tadoussac, à l'embouchure du fjord du Saguenay, fonda ainsi le premier établissement du Canada qui ait toujours été habité ; de Charles Le Moyne, le fondateur de la grande famille des « Macchabées de la Nouvelle-France », les célèbres frères Le Moyne, à qui la France doit d'avoir étendu son empire en Amérique depuis les rives de la baie d'Hudson jusqu'à celles du golfe du Mexique ; de Jean Vauquelin, l'un des derniers défenseurs du Canada, le héros de *L'Atalante*.

Du port partent les imposants passeurs qui franchissent la Manche, et l'une des rues qui y donnent porte le nom du brave capitaine Jean Vauquelin. Le port a son bassin du Canada, qui voisine celui de Paris.

On n'en finirait pas d'énumérer les points d'intérêt québécois qui jalonnent Dieppe. Tout près du bassin Duquesne, l'église Saint-Jacques (XIIIe et XIVe s.) possède un vitrail à la mémoire de deux missionnaires qui furent les victimes des Iroquois et qui ont été canonisés en 1930 : Jean de Lalande et Antoine Daniel. Au-dessous, le tombeau de deux personnages qui portent un nom fort connu : Guillaume de Longueil, capitaine de Dieppe et de Caen, et Geoffroy Martel, sire de Longueil, capitaine de Pontoise, morts respectivement lors des grandes batailles d'Azincourt (1415) et de Poitiers (1356). Un peu au-delà, toujours sur la droite, la somptueuse chapelle de Jehan Ango, vicomte de Dieppe, dont nous reparlerons ; tout au fond, le petit oratoire d'où le puissant armateur suivait la messe, soustrait au regard des autres fidèles. Dieppe a donné son nom à un élégant parc situé devant l'Hôtel de Ville.

Depuis l'église Saint-Jacques, dirigeons-nous vers la charmante place du Puits-Salé, et, de là, vers l'église Saint-Rémy. En arrière de son chevet, une modeste stèle rappelle qu'« ici, le 19 août 1942, sont tombés deux soldats canadiens ». Or, la mitraille a fauché ceux-ci à deux pas du lieu où repose le commandeur Aymar de Chastes, grâce à qui Samuel de Champlain vint au Canada pour la première fois dès 1603, alors qu'il remonta le Saint-Laurent jusqu'à Montréal. C'est en effet dans la chapelle de chevet de cette église qu'ont été déposés les restes du commandeur et ceux d'un autre personnage, Philippe

Le parc du Canada, sous les murs du vieux château, à Dieppe.

de Montigny, tous deux, précise l'épitaphe, ayant été gouverneurs de Dieppe.

La ville a sa rue Le Moyne, en hommage à Charles Le Moyne, déjà mentionné, de même que son quai du Québec, dans le bassin du Canada.

À deux pas de l'Hôtel de Ville, rue de la Sous-Préfecture, une plaque évoque le souvenir de nos premières hospitalières :

> Emplacement du Chœur
> de la chapelle de l'ancien
> Hôtel-Dieu d'où partirent
> le 18 Avril 1639
> les trois Religieuses
> fondatrices de
> l'HÔTEL-DIEU
> de QUÉBEC
>
> Les Amys du Vieux Dieppe
>
> En souvenir de la
> visite des Pèlerins
> canadiens le 25 Août 1926

Avant de parcourir les abords de Dieppe, poussons une pointe, par la D 925, jusqu'à EU, sur les bords de la Bresle (32 km). Cette charmante commune possède notamment une église (XIIe et XIIIe s.) dédiée à saint Laurent O'Toole, qui fut primat d'Irlande, mais ce qui retient surtout notre attention, c'est le remarquable mausolée que Catherine de Clèves fit ériger dans la chapelle du collège des jésuites à la mémoire de son mari, le duc de Guise (Henri II de Lorraine), qui était comte d'Eu. Sous deux statues du duc, l'une le représentant en prière et l'autre au repos, un bas-relief en marbre blanc rappelle la brillante victoire que le personnage remporta à Auneau, en 1587,

Jacques de Biencourt commandant la charge à Auneau.
Bas-relief ornant le mausolée du duc de Guise, comte d'Eu.

sur les mercenaires allemands calvinistes. Or, c'est Jacques de Biencourt qui commandait la charge, et il était le frère de Jean de Biencourt, sieur de Poutrincourt, qui devait fonder Port-Royal, en Acadie, en 1604.

Des missionnaires jésuites qui devaient œuvrer au Canada ont vécu au collège d'Eu. Mentionnons le père Barthélemy Vimont, qui en fut le procureur avant de passer en Nouvelle-France et d'assister à la fondation de Montréal ; le père Jacques Quentin, que ses travaux évangéliques appelèrent en Acadie ; et le père Jean de Quen, qui, après y avoir enseigné pendant trois ans, en partit pour le Canada (1635) et fut le premier Blanc à apercevoir le lac Saint-Jean.

Revenons vers Dieppe en longeant la côte. Juste avant d'y arriver, en front de mer, voici PUYS. Une stèle y rappelle que, lors du raid de 1942, le *Royal Canada Regiment* débarqua lui aussi sur la plage, tentant de gagner les hauteurs.

Trois communes des environs de Dieppe retiennent particulièrement l'attention des Québécois. Tout d'abord, VARENGE-VILLE-SUR-MER, que l'on atteint en seulement 8 km par la D 75, qui longe la mer, vers l'ouest. Nous y retrouvons Jehan Ango, le puissant armateur, le « Médicis dieppois ». Il était immensément riche. Son père, qui avait fourni à Jean Parmentier les navires sur lesquels il avait vogué jusqu'au Brésil et à Terre-Neuve, avait légué sa fortune à son fils, qui s'était employé à la faire fructifier.

Jehan Ango possédait tant de voiliers qu'il en prêta à François Ier lors de l'armement d'une escadre qui devait empêcher les Anglais de fortifier Boulogne. Un autre jour, apprenant que des Portugais avaient malmené l'un de ses équipages dans un port de l'Inde, il envoya une armada incendier les villages

Aspect du manoir de Jehan Ango, à Varengeville-sur-Mer.

de la côte portugaise et bloquer l'embouchure du Tage. Il ne consentit à retirer ses navires qu'après avoir reçu à Varengeville les émissaires de Jean III venus de Lisbonne !

Son manoir de Varengeville, il le fit construire en guise de maison de campagne sur un domaine acheté de la famille de Longueil. Ce palais, d'allure florentine, est parfaitement conservé. Il est doté d'un colombier pouvant loger 1 600 couples de pigeons, prérogative de noblesse.

Des agents espagnols et portugais surveillaient Ango de près. L'un d'eux, un certain Pedro de Santiago, parla même à Jacques Cartier et à son beau-père : il fit rapport à Charles Ier d'Espagne de ce que François Ier se proposait de jeter les bases d'un établissement permanent dans « un pays appelé Canada ». Comme quoi l'espionnage ne date pas d'hier !

Depuis Varengeville-sur-Mer, la D 27, en 4 km, nous amène à une commune dont le nom nous est familier : LONGUEIL. Mais cette appellation, en franchissant l'Atlantique, s'est enrichie d'une seconde lettre u, puisque la ville de Longueuil, en face de Montréal, lui doit son nom. Cela résulterait d'une erreur de transcription.

La famille du chirurgien Adrien Duchesne, que l'on trouve présent à Québec au moins dès 1631, habitait Longueil. En 1637, il se faisait concéder une terre qui fait maintenant partie des plaines d'Abraham. Sa sœur Judith, née à Longueil, était la mère de Charles Le Moyne, dont nous avons déjà parlé et qui se fixa en Nouvelle-France dès 1641. C'est à Montréal qu'il élève sa belle famille, et lorsqu'en 1668 le roi l'anoblit en reconnaissance des services rendus à la colonie, il devient baron de Longueuil, car c'est le nom qu'il a donné à sa seigneurie

L'église de Longueil, patrie de la famille Le Moyne.

située entre celles de Varennes et de la Prairie-de-la-Magdeleine. On peut supposer qu'il le choisit en hommage à sa mère.

Longueil est une commune fort ancienne : Longolium existait déjà il y a un millénaire ! Mais elle est demeurée plutôt modeste, avec ses quelques centaines de citoyens. En 1968, elle a fait cadeau à sa grande cousine québécoise d'un calvaire de grès datant du XVIIe siècle, pour marquer le troisième centenaire de l'anoblissement de Charles Le Moyne, dont une statue orne le socle du monument érigé à la mémoire du sieur de Maisonneuve, place d'Armes, à Montréal.

À toute proximité de Longueil débute la D 54, qui, en 5 km seulement, conduit à OFFRANVILLE. Son château appartient à la famille Deschamps de Boishébert, dont un membre, prénommé Jean-Baptiste-François, reçut de l'intendant Jean Talon, en 1671, la seigneurie de la Bouteillerie, située sur la rive droite du Saint-Laurent, à une centaine de kilomètres en aval de Lévis. La mise en valeur de ce domaine allait donner naissance à l'actuelle municipalité de Rivière-Ouelle.

La seigneurie échut à l'un des fils du seigneur, Louis-Henri, qui épousa Louise-Geneviève de Ramezay, fille d'un gouverneur de Montréal. De cette union naquit Charles Deschamps de Boishébert, dont un portrait orne le salon du château d'Offranville.

Pendant la guerre, les Allemands occupèrent l'édifice et, au moment de la Libération, en emportèrent le mobilier, les tableaux et même les cheminées, qu'ils avaient fait démonter.

Réfugiée dans la maison de la dîme, dans le parc, la maîtresse de céans avait eu la bonne pensée d'y apporter avec elle le portrait du personnage, qui avait été au nombre des derniers défenseurs de l'Acadie. Quand les Canadiens entrèrent dans Offranville, celui que l'on appelait « le beau Canadien » avait repris la place d'honneur au salon, et des officiers québécois vinrent lui présenter les armes comme à un collègue retrouvé qui avait bien mérité de la patrie !

En quittant Offranville en direction de l'est, la D 54 nous ramène à la N 27, par laquelle nous sommes arrivés à Dieppe.

Le château d'Offranville.
Il est toujours la propriété de la famille Deschamps de Boishébert.

Le cimetière des Vertus, près de Dieppe.
Victimes du raid de 1942, 697 soldats canadiens y reposent.

On ne saurait quitter la région sans quelques instants de recueillement au petit cimetière des Vertus, où, sous des stèles dépouillées de tout apparat et un impeccable tapis vert, dorment 697 soldats canadiens qui participèrent au raid de 1942. Pour y arriver, emprunter la N 27 sur la gauche : à 2 km, une signalisation appropriée vous en indique la présence. Soulignons tout de suite qu'en deux autres cimetières militaires de Normandie, ceux de Bretteville-sur-Laize et de Bény-sur-Mer, dont nous reparlerons plus loin, ont été inhumés respectivement 2 959 et 2 043 autres soldats canadiens, ce qui représente, pour ces trois petits cimetières, un total de 5 699 militaires, soit un nombre à peu près égal à celui des pionniers que la Normandie, l'Angoumois, l'Aunis, le Poitou et la Saintonge ont donnés à la vallée du Saint-Laurent pendant le siècle et demi de présence de la France sur nos bords !

Notre prochaine étape sera Honfleur, mais deux itinéraires s'offrent au choix. La clientèle internationale voudra probablement suivre la côte jusqu'au Havre (113 km), revenir ensuite vers l'est (27 km) jusqu'à l'altière structure du pont de Tancarville, y franchir la Seine, puis, de là, en 28 km, atteindre Honfleur. La ville du HAVRE a été presque entièrement détruite au cours de la Deuxième Guerre mondiale. Elle est justement orgueilleuse de ses trois musées, ceux du Vieux-Havre, des Beaux-Arts et de l'abbaye de Graville, de même que de son église Sainte-Honorine (XIe-XIIIe s.)

Mais, depuis les environs de Dieppe, le visiteur québécois préférera peut-être d'autres étapes lui rappelant ses origines : Hautot-Saint-Sulpice, Yvetot et Raffetot.

Depuis le petit cimetière des Vertus, donc, reprenons la N 27 vers le sud jusqu'au carrefour de Bout-l'Abbé (10 km), où se présente, sur la droite, la D 23 ; l'emprunter jusqu'à Bacqueville-en-Caux (6 km) et y prendre la D 149 jusqu'à Doudeville (18 km). D'ici, la D 110 conduit à HAUTOT-SAINT-SULPICE (5 km). Cette petite commune est jumelée à la municipalité de Rivière-Ouelle, au Québec. C'est d'ici que partit Robert Lévesque, un pionnier du bas Saint-Laurent. Dans l'église, au-dessus des fonts baptismaux, une statuette sculptée à Saint-Jean-Port-Joli évoque l'ancêtre dans un décor fleurdelisé. Devant la mairie, une inscription :

> Mr René LÉVESQUE
> Ier Ministre du Québec
> a dévoilé cette plaque
> le 30 Juin 1983
> en souvenir de son
> Ancêtre Robert LÉVESQUE
> né dans cette Paroisse
> le 3 Septembre 1642

Reprendre la D 110 en continuant vers le sud-ouest jusqu'à la D 131 (3 km) et emprunter celle-ci jusqu'à YVETOT (5 km), une commune de près de dix mille habitants. Son église, au cœur du pays de Caux, perpétue par le vitrail la mémoire de quatre pionniers de la foi en Nouvelle-France. Le maître verrier Max Ingrand a conçu mille mètres de vitrail pour cette église unique. Son art y a atteint un sommet remarquable. Véritable symphonie de couleur et de lumière, ces immenses fresques évoquent des missionnaires qui ont péri aux mains des Iroquois.

On y voit Antoine Daniel, frère d'un armateur de Dieppe, au moment où les flèches transpercent son étole ; l'Orléanais Isaac Jogues tenant d'une main son ciboire et, de l'autre, le pieu sur lequel ses bourreaux piqueront tout à l'heure sa tête tranchée ; le Dieppois Jean de Lalande, dont la silhouette semble s'estomper modestement derrière le père Jogues ; et Jean de Brébeuf, originaire de Condé-sur-Vire, ancien procureur des jésuites à Rouen, dont les tortionnaires fendirent la bouche d'un coup de hache parce que, malgré d'indicibles souffrances, il s'employait à réconforter ses compagnons.

Depuis Yvetot se présente l'occasion d'une courte excursion à RAFFETOT par la N 15, vers l'ouest (17 km) ; à partir de Lanquetot, sur la droite, une petite départementale y conduit. En passant par Offranville, nous avons évoqué la personnalité de Charles Deschamps de Boishébert, petit-fils du premier seigneur de Rivière-Ouelle, au Québec. Or, au moment de sa mort, il était seigneur de Raffetot. C'est surtout en Acadie qu'il servit. En 1754, il y prenait le commandement du fort La Tour. Il participa à plusieurs campagnes jusqu'à la capitulation de Louisbourg, puis, en 1759, il vint se placer sous les ordres de Montcalm, à Québec. Passé en France après la capitulation, il finit ses jours à Raffetot en 1797 et y fut inhumé dans la crypte de l'église paroissiale. On peut consulter son acte de décès à la mairie.

Si l'on continue sur la N 15 vers l'ouest, on atteint, passé Bolbec, la D 910, qui conduit au pont de Tancarville, déjà mentionné, et dont Honfleur n'est éloignée que de 28 km, mais c'est la Normandie des Québécois que nous visitons, ce qui invite à musarder ; le chemin des écoliers n'est-il pas souvent plus pittoresque et instructif que l'itinéraire le plus direct ?

Revenons donc à Yvetot pour y emprunter la D 131 vers le sud ; 6 km plus loin, elle devient la D 490, qui, après 6 autres km, s'engage sur le pont de Brotonne (péage), jeté au-dessus de la Seine. Or, tout de suite avant de franchir le fleuve, la D 22, sur la gauche, conduit à l'abbaye de SAINT-WANDRILLE (2 km). Ce sont des moines d'ici qui, chassés de France au début du présent siècle et réfugiés en Belgique, implantèrent la vie monastique, pendant leur exil, sur les bords du lac Memphremagog, au Québec. Leur monastère de Saint-Benoît-du-Lac est devenu autonome en 1935. Les moines y partagent leur temps entre la prière, le chant grégorien, l'étude et le travail manuel.

L'abbaye de Saint-Wandrille a beaucoup souffert au cours des siècles. La guerre de Cent Ans la transforma en forteresse, puis les huguenots la livrèrent au pillage. Enfin, le clocher s'effondra sur les voûtes. Le monastère et son église abbatiale ne devaient jamais retrouver la majesté et la splendeur de jadis, mais les moines sont parvenus à en faire battre le pouls à nouveau. Signalons que dans le modeste cimetière du monas-

L'abbaye de Saint-Wandrille.
C'est à ses moines que nous devons celle de Saint-Benoît-du-Lac.

Les cloches de Corneville ne sont pas un mythe : elles existent vraiment.

tère repose dom Lucien David, auteur du *Mystère de l'Emmanuel*, un oratorio qui, il y a plusieurs années, fit la joie des mélomanes de Montréal. Les moines de Saint-Wandrille favorisaient l'écriture du chant grégorien sur cinq lignes, avec signes rythmiques, alors que ceux de Solesmes privilégiaient la portée de quatre lignes, sans signes.

Revenons à la D 490 et traversons la Seine. La chaussée du pont de Brotonne est suspendue en plein ciel à une superstructure dont l'élégance prend la forme d'une gigantesque harpe : on pourrait s'attendre à ce qu'Éole en tire des sons harmonieux !

Puisque nous parlons musique, c'est à un carillon que vous convient les méandres de notre crochet vers Honfleur : celui de... Corneville !

Au sud de la Seine, la D 490 s'engage dans la forêt de Brotonne, y devient la D 913, puis la D 313 jusqu'à Bourg-Archard (20 km depuis le pont). Prendre ici, sur la droite, la N 175 : en 17 km, nous voici à CORNEVILLE-SUR-RISLE.

On croit généralement que les cloches de Corneville n'existent pas. Tel était le cas lorsque Planquette écrivit sa célèbre opérette en 1877. Il paraît que, pendant la guerre de Cent Ans, les moines de Corneville jetèrent les cloches de leur abbaye dans la Risle pour les soustraire à la convoitise des Anglais. Vieille légende, sans doute. Mais *Les Cloches de Corneville* connurent un tel succès devant tant d'auditoires à travers le monde que l'on songea à reconstituer le carillon au moyen de souscriptions publiques. Et c'est ainsi que, le 7 octobre 1900, grâce à « la foi ardente et communicative du marquis de La Rochethulon », rapporte un journal local, « l'aimable chimère devint réalité ».

Ces cloches, vous désirez les entendre ? Elles tintent sous les combles d'un établissement de restauration, *Les Cloches de Corneville*, vous l'auriez deviné. Comment s'y sont-elles retrouvées ? Il paraît qu'on leur refusa l'hospitalité du clocher paroissial parce qu'elles étaient issues de l'engouement populaire à l'égard d'un livret d'opérette qui ne respectait pas la morale !

Le terme « engouement » n'est certes pas exagéré. Même au Québec, un comité s'est formé pour offrir l'une des cloches. Ce sont des dames qui ont décidé « de contribuer à cette œuvre de gracieuse poésie et d'exquise légende ». La présidente d'honneur du comité était nulle autre que Mme Louis-Amable Jetté, épouse du lieutenant-gouverneur du Québec, et la présidente, Mme Raymond Préfontaine, épouse du maire de Montréal.

La cloche dont les Québécoises furent marraines sortit des ateliers des fondeurs Paccard, en Haute-Savoie, en cette année 1900. Si l'on tient compte des dimensions des neuf autres, c'est la deuxième du carillon. Non seulement son nom, *La Canadienne*, est coulé dans l'airain, mais aussi ceux des principaux donateurs, au premier rang desquels figurent lady Laurier et lady Lacoste, épouses, respectivement, du Premier ministre du Canada et du juge en chef du Québec.

Après bientôt un siècle, cette cloche demeure resplendissante, et, quand son battant en anime la voix, on croit entendre vibrer des cœurs québécois en cette Normandie des ancêtres. Dans le petit cimetière de la commune, d'autres cœurs attendent la Résurrection : ceux de soldats canadiens. Et Corneville-sur-

Risle est en quelque sorte la marraine de la fromagerie de Corneville, située à Saint-Hyacinthe, en bordure de la Transcanadienne, au Québec, son maire ayant été invité à en présider l'inauguration.

Avant de reprendre la route pour Honfleur, il convient de signaler une autre commune normande dont le nom évoque la figure d'un officier qui fut le dernier défenseur de l'Acadie : DRUCOURT. Au-delà de Corneville-sur-Risle, la D 175 conduit à Pont-Audemer (6 km). Y emprunter la D 810 vers le sud jusqu'à Lieurey (15 km), puis la D 28 jusqu'à Thiberville (11 km). On trouve dans cette commune un monument orné de trois feuilles d'érable :

> LE CANTON DE
> THIBERVILLE
> AUX CANADIENS
> LIBÉRATEURS
> 24 AOÛT 1944

Depuis Thiberville, la D 22 conduit en seulement 2 km à Drucourt. Ici est né Augustin du Bosc-Henri, chevalier de Drucourt, dernier gouverneur de l'île Royale, donc de Louisbourg. L'église où il a reçu le baptême en 1703 a la rare distinction de porter la litre seigneuriale non seulement à l'intérieur, comme c'est généralement le cas, mais aussi à l'extérieur, et il reste quelques traces des armoiries de la famille, que l'on peut distinguer en faisant le tour de l'édifice, mais mieux encore à l'intérieur : « D'azur à la face d'argent, accompagnées en chef d'un

L'église de Drucourt.
C'était celle du chevalier de ce nom, dernier gouverneur de Louisbourg.

Il ne reste du château de Drucourt que ses deux ailes.
Elles datent du XVIIe siècle.

léopard et en pointe d'une croix de Malte du même »; les armoiries ont pour support deux « sauvages » portant chacun une masse d'armes.

Du château de la famille du Bosc-Henri subsistent les deux ailes, sur la ferme des Bosquets. Elles datent du XVIIe siècle, et l'une sert d'habitation au fermier ; l'autre, qui abritait jadis la chapelle, de plein style Louis-XV, reçoit les récoltes. À la mairie, on peut consulter l'acte de naissance du personnage, décédé au Havre en 1762.

En 1758, Jeffrey Amherst se présente devant Louisbourg : 27 000 hommes répartis sur 157 bâtiments de guerre. Drucourt ne dispose, pour lui faire face, que de 3 500 soldats, de 3 800 hommes d'équipage à bord de 11 vaisseaux, et d'un petit nombre de miliciens. La marine anglaise domine l'Atlantique. Les canonniers de James Wolfe pilonnent la forteresse. Malgré la disproportion des forces en présence, le siège dura plusieurs semaines. Mme Drucourt elle-même harcelait l'ennemi au moyen de trois pièces de canon afin de soutenir le moral de la garnison. Lorsque survint l'inexorable moment de la capitulation, ce sont des termes généreux que les Anglais offrirent au commandant de la place. Celui-ci obtint tous les honneurs dus à son rang.

Revenons à Pont-Audemer et reprenons la N 175 jusqu'à Saint-Maclou (4,50 km), puis la D 180, qui, en 15 km, vous conduit à Honflour, sur les bords de l'estuaire de la Seine.

Détails des linteaux du château.

HONFLEUR

Voilà un nom qui s'inscrit en lettres indélébiles dans la mémoire de tous les Québécois. N'est-ce pas de ce port que Samuel de Champlain partit à bord du *Don de Dieu*, en 1608, pour fonder Québec ? Et le Québec ne compte-t-il pas lui-même deux municipalités de ce nom, l'une dans son comté de Bellechasse et l'autre au pays de Maria Chapdelaine, à l'embouchure de la Péribonka ?

Située sur l'estuaire de la Seine, Honfleur joua un rôle commercial important dès le Moyen Âge, et on ne compte plus les voiliers au long cours qui en sont partis pour l'Inde, l'Afrique et l'Amérique. Son monument le plus recherché par les visiteurs est sans doute l'église Sainte-Catherine (XVe s.), entièrement en bois, composée de deux nefs jumelles, de deux bas-côtés et d'un clocher isolé du corps principal, formant un ensemble architectural unique en son genre.

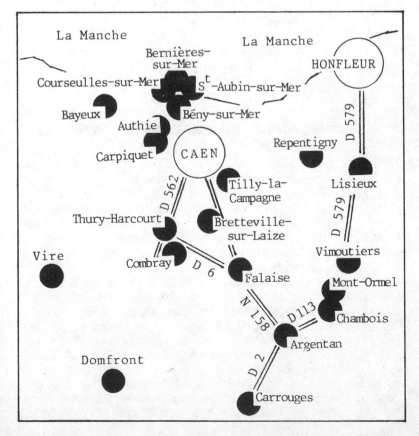

Mentionnons aussi son église Saint-Étienne (XVe et XVIe s.), qui abrite un musée d'ethnographie et d'art populaire normand, son grenier à sel, ses nombreuses maisons anciennes, son Vieux Bassin, que créa Duquesne au XVIIe siècle, et que domine la Lieutenance (XVIe s.), dans laquelle s'encastre la porte de Caen.

Sur la Lieutenance, justement, la Société du Vieux Honfleur fixait une inscription, dès l'année 1899, rappelant les différents départs de Champlain :

LE 3 SEPTEMBRE 1899
À LA MÉMOIRE DE
SAMUEL de CHAMPLAIN
LA SOCIÉTÉ DU VIEUX HONFLEUR
A CONSACRÉ CE SOUVENIR

Avec des navires et des équipages
du port de HONFLEUR
il explora l'ACADIE et le CANADA
de 1603 à 1607.
Parti du même port
en 1608
il fonda la ville de QUÉBEC

Embarquements de CHAMPLAIN
à HONFLEUR
avril 1603 — 13 avril 1608 — 18 avril 1610
1er mars 1611 — 6 mars 1613 — avril 1615
avril 1617 — mai 1620

Au-dessus de l'inscription s'inscrivent les armoiries du Québec, que domine un visage du fondateur.

Mais ce n'est, bien sûr, pas le seul élément qui retient l'attention des Québécois en cette ville dont le nom à lui seul évoque leurs origines. Sur le bassin s'ouvre le musée du Vieux-Honfleur, dans une ancienne église. Comment s'étonner d'y trouver un vitrail rappelant le départ de Champlain en 1608 et la fondation de l'« abitation » au pied du cap Diamant ?

Juste au-dessous a été burinée dans le marbre la liste des grands départs vers les « terres neuves » et le Canada, notamment ceux de Roberval (1541), du marquis de La Roche (1596), les armements des sieurs de Chauvin, de Monts et du Pont-Gravé (1596 à 1603) et tous les embarquements de Champlain.

Ne quittons pas Honfleur sans gravir la côte de Grâce, vers un plateau qui domine de près de cent mètres l'estuaire de la Seine. Là, dans un écrin de verdure, au milieu d'un parc dont la fraîcheur fait les délices des Honfleurais, vous convie la pittoresque et historique chapelle Notre-Dame-de-Grâce,

Transept de la chapelle Notre-Dame-de-Grâce, à Honfleur.

construite dans les premières années du XVIIᵉ siècle par les bourgeois et les marins, pour en remplacer une autre établie au début de notre millénaire par Richard II, duc de Normandie.

Suspendus à la voûte, de petits voiliers constituent autant d'ex-voto traduisant la reconnaissance de capitaines pour grâces obtenues. Au fond du transept, côté gauche, deux plaques de marbre rappellent aussi des navigateurs qui y sont venus se recueillir avant de faire voile, notamment Jean Denis, qui vint aux «terres neuves» en 1506, et Thomas Aubert, à qui le grand armateur dieppois Jehan Ango (père) confia *La Pensée*, dès

Le Vieux Bassin de Honfleur. Champlain y faisait voile pour Québec.

1508, pour un voyage d'exploration au Nouveau Monde. À ces deux « figures de proue » des expéditions françaises vers l'Amérique s'ajoutent les noms de leurs émules déjà mentionnés plus haut.

Revenons vers le Vieux Bassin, mais par la rue Haute. Aux numéros 52 et 54 existe toujours la maison de Pierre de Chauvin, qui, avons-nous rappelé précédemment, construisit une habitation à Tadoussac dès l'année 1600, soit en un lieu que les Français, dès lors, ne cessèrent jamais de fréquenter ou d'habiter. Elle a sans doute été souvent remaniée au fil du temps, mais elle demeure un lieu historique pour tous les Québécois, la petite maison de Tadoussac, clairement identifiée sur un plan de la rade qui illustre les récits de voyages de Champlain, ayant été érigée quatre ans avant la fondation de Port-Royal, en Acadie.

Honfleur a de multiples titres à l'attention des touristes, mais il nous faut poursuivre notre périple. Rouen a été notre première plaque tournante ; Caen sera la prochaine. Ici encore, il faut choisir. La clientèle internationale optera sans doute pour l'itinéraire le plus direct, la D 513, qui souvent longe le bord de mer et permet d'admirer la côte de Grâce, dont le secteur de Deauville/Trouville constitue le principal joyau touristique. Deauville offre l'irrésistible attrait de la plus fameuse des plages de Normandie, longue de 3 km ; reconnue pour ses jardins fleuris en terrasse, son casino, ses grands hôtels et le scintillement de sa vie mondaine, elle est fréquentée par une société sélecte.

Aux Québécois, nous en proposons un autre, par Lisieux, Vimoutiers et Falaise.

De Honfleur, la D 579, en 17 km, conduit à Pont-l'Évêque, dont le nom à lui seul fait vibrer les papilles gustatives des amateurs de fromage. Dix-sept autres kilomètres plus loin et nous voici à LISIEUX.

Cette ville du Calvados figure depuis longtemps comme destination privilégiée des Québécois qui visitent des lieux de grands pèlerinages. La Deuxième Guerre mondiale a malheureusement détruit plusieurs de ses pittoresques vieux quartiers, mais elle a épargné sa basilique, dont la construction, qui avait débuté en 1933, s'est terminée vingt ans plus tard. Derrière l'abside se déploie un chemin de croix monumental. La chapelle du carmel abrite la châsse contenant les reliques de sainte Thérèse de l'Enfant-Jésus, qui entra au carmel de Lisieux en 1888 et décéda en 1897. On peut visiter la villa des Buissonnets, où elle passa son enfance. Mais les bombardements et la Libération n'ont heureusement pas rasé tous les monuments anciens. Lisieux a conservé son église Saint-Pierre (XIIe et XIIIe s.), son ancien palais épiscopal, de style Louis-XIII, et son église Saint-Jacques (fin XVe s.), de style flamboyant.

Notons que dans le voisinage immédiat de Lisieux, au GLOS, existe toujours le beau manoir d'Aubichon, ancienne

Le manoir d'Aubichon, au Glos, ancienne propriété des évêques de Lisieux.

propriété des évêques du diocèse. Il symbolise l'architecture traditionnelle de la Normandie. On y retrouve, sculptées dans la masse, les armoiries du cardinal Le Veneur, dont nous avons parlé précédemment ; elles ne sont pas coiffées du chapeau cardinalice, comme à Tillières-sur-Avre, mais s'accompagnent d'une crosse.

Le Québécois qui consulte une carte à grande échelle de la région de Lisieux aperçoit, à une quinzaine de kilomètres à l'ouest-nord-ouest de cette ville, un petit bourg dont le nom lui est familier : REPENTIGNY. C'est à cette modeste commune de moins de cent habitants, bien représentative de la Normandie traditionnelle avec ses maisons à colombage, que la ville du même nom, près de Montréal, doit son identité. Pierre Le Gardeur de Repentigny reçut dès 1647 la seigneurie de ce nom, et le village qui s'y forma par la suite est devenu une ville qui compte plus de 40 000 citoyens.

De Lisieux à VIMOUTIERS, il n'y a que 27 km par la D 579. C'est un important centre de commerce de pommes et de fromages. Tout près de l'église, une inscription retient l'attention :

> AUX SOLDATS CANADIENS
> MORTS POUR LA LIBÉRATION
> DE VIMOUTIERS
> LE 22 AOÛT 1944

C'est par dizaines, sinon par centaines, que la Normandie a ainsi émaillé son territoire de touchants mémentos ; elle sait se souvenir !

C'est par Argentan que nous remonterons un peu plus tard vers Falaise, mais signalons qu'à quelque 5 km au sud-ouest de Vimoutiers se rencontre la petite commune de Camembert, où Marie Harel créa la célèbre variété de fromage qui a pris le nom de la localité. Elle méritait bien d'y avoir sa statue !

Par la D 16, depuis Vimoutiers, on passe tout à côté de ce bourg cher au cœur des gastronomes, en route pour la commune de MONT-ORMEL (10 km), dont l'importance, quant à sa population, est inversement proportionnelle à celle du drame qui s'y joua en 1944.

Un austère mémorial, dominant pourtant un paysage maintenant tout empreint de sérénité, évoque les opérations meurtrières qui permirent la réduction de la fameuse «poche» de Falaise :

> VISITEURS
>
> EN PÉNÉTRANT SUR CES LIEUX,
> SOUVENEZ-VOUS DES SACRIFICES
> DES SOLDATS POLONAIS ET
> CANADIENS TOMBÉS SUR CE SOL
> LES 19, 20, 21 ET 22 AOÛT 1944
> POUR LA LIBÉRATION DE LA FRANCE.
> EN DE SANGLANTS ET VICTORIEUX
> COMBATS, LES ARMÉES ALLIÉES
> ASSURÈRENT LA FERMETURE DE LA
> POCHE DE FALAISE-CHAMBOIS
> OÙ LA 7ᵉ ARMÉE ALLEMANDE
> ENCERCLÉE SUBIT UNE DÉFAITE
> TOTALE DANS LA VALLÉE DE LA DIVES.
> CE COUP DE MASSE FINAL ABATTIT
> LA PUISSANCE ALLEMANDE ET
> FUT L'ÉLÉMENT DÉCISIF DE LA
> VICTOIRE DE LA GUERRE 1939-45.

L'austère mémorial de Mont-Ormel,
rappelant les sanglants combats de la poche de Falaise.

Sous l'altière forteresse féodale de Chambois,
une stèle évoque les dernières heures de la bataille de Normandie.

Cette même D 16 conduit tout de suite à CHAMBOIS (5 km) et à son massif donjon, élément d'une puissante forteresse féodale qui défendait cet accès à la Normandie. Au pied du donjon, qui évoque les guerres médiévales, une stèle illustre bien, par son inscription, à quel point les foudres de guerre n'ont rien appris au fil des siècles :

GARDE VIGILANTE DE LA NORMANDIE AU PASSAGE DE LA DIVES
PUISSANTE FORTERESSE FÉODALE DEPUIS LE XIIe SIÈCLE

CHAMBOIS VÉCUT LES 19, 20, 21 AOÛT 1944 LES DERNIÈRES HEURES DE LA BATAILLE DE NORMANDIE

ICI SE REJOIGNIRENT LES ARMÉES AMÉRICAINE, BRITANNIQUE
CANADIENNE, POLONAISE ET FRANÇAISE QUI REÇURENT LA CAPITULATION DES DIVISIONS ALLEMANDES ENCERCLÉES
APRÈS SOIXANTE-DIX-SEPT JOURS DE COMBATS ACHARNÉS

Sortons de Chambois par la D 113. Après 12 kilomètres, nous voici à ARGENTAN, qui a donné son nom à un point de tapisserie pratiqué par les moniales et tout aussi réputé que celui d'Alençon. La ville compte d'intéressants monuments : églises, château et abbaye, qui furent édifiés entre le XIIe et le XVIIe siècle.

L'élégant pavillon d'entrée du domaine de Carrouges,
cantonné de quatre tourelles.

Avant de remonter vers Falaise, comment ne pas souligner
la présence, à 23 kilomètres au sud-sud-ouest, de CARROUGES
et de son château, que l'on atteint par la D 2 ? C'est que nous
y retrouvons la famille Le Veneur. La construction du château
fut entreprise vers le XIVe siècle, et Philippe Le Veneur, père
du futur cardinal, le trouva dans... la corbeille de sa fiancée.
Jolie dot !

C'est le cardinal, dont un portrait en pied orne le grand
salon du château, qui fit construire le beau pavillon d'entrée
du domaine, ou châtelet, cantonné de quatre tourelles rondes.
Avant de présenter Jacques Cartier à François Ier, Jean Le
Veneur avait été pourvu, en 1505, de l'évêché de Lisieux, d'où
la présence de ses armoiries au Glos. Il exerçait une grande
influence auprès de François Ier : n'était-ce pas lui qui avait
couronné la reine Éléonore quand elle avait épousé le roi ?

D'Argentan, c'est par la N 158 que nous remonterons vers
FALAISE (23 km), que domine un imposant château féodal,
flanqué de seize tours et d'un donjon rectangulaire (XIIe s.). Ici,
dit-on, vers l'an 1027, naquit Guillaume le Conquérant, duc de
Normandie et roi d'Angleterre, décédé à Rouen en 1087. Cette
ville s'enorgueillit de deux autres monuments anciens, les
églises de la Trinité et Saint-Gervais, datant du Moyen Âge.

Ici encore, au cours de la Deuxième Guerre mondiale, les
soldats canadiens se sont illustrés. Au cours de la nuit du 12
au 13 août 1944, les Alliés bombardèrent la ville à un tel point
que les conducteurs de bélier mécanique chargés d'ouvrir la
voie à la deuxième division canadienne avaient peine à distin-

guer le tracé des rues. Celle-ci se mit en marche dans l'après-midi du 16 août, et, le lendemain matin, les libérateurs atteignaient la gare. Nous avons évoqué précédemment la fin de la mémorable bataille de Falaise.

De Falaise à Caen, la distance est de 34 km par la N 158. À mi-chemin, la D 183 conduit, sur la gauche, au petit cimetière militaire canadien de BRETTEVILLE-SUR-LAIZE, déjà mentionné. Plus près de Caen, à 7 km de cette ville, la D 76 nous permet de découvrir, tout de suite sur la droite, le minuscule bourg de TILLY-LA-CAMPAGNE, qui, tout comme celui de Repentigny, cité précédemment, rappelle une autre localité du Québec, Saint-Antoine-de-Tilly. Pierre Le Gardeur de Repentigny avait reçu en 1647 une seigneurie située près de l'île de Montréal, où se trouve de nos jours la ville de Repentigny. Or, son frère Charles eut un fils également prénommé Pierre, qui, en 1700, acheta la seigneurie de Villieu, laquelle prit alors le nom de Tilly et dont la principale agglomération est devenue Saint-Antoine-de-Tilly, sur la rive droite du Saint-Laurent.

La famille Le Gardeur a joué un rôle important. Les frères Pierre et Charles Le Gardeur avaient vu le jour à THURY-HARCOURT. Si, pour aller de Falaise à Caen, on emprunte plutôt la D 511, puis, au-delà de Pont-d'Ouilly, la D 562, celle-ci passe justement par Thury-Harcourt, dont un curé, Jean Le Sueur, aussi appelé abbé de Saint-Sauveur, fut le premier prêtre séculier à venir en Nouvelle-France ; chapelain de l'Hôtel-Dieu de Québec, il décéda en cette dernière ville en 1668.

Et, en route pour Thury-Harcourt, on peut visiter COMBRAY, la petite patrie des Gosselin ; une inscription y rappelle leur ancêtre dans l'église.

L'église de Combray. Une plaque y rappelle l'ancêtre des Gosselin.

CAEN

Tout comme Rouen, CAEN est une autre plaque tournante du tourisme en Normandie. Ville cruellement sinistrée lors des opérations de l'historique débarquement de 1944 — elle fut détruite aux trois quarts —, elle se releva courageusement de ses ruines et offre de nos jours aux visiteurs l'allure harmonieuse d'une cité neuve de même que l'ensemble heureusement conservé de son riche patrimoine.

Son château, dégagé des ruines de 1944, puissante forteresse entourée de fossés, un monument dont la construction s'échelonna du XIe au XVe siècle, offre l'occasion de visiter la chapelle Saint-Georges (mémorial des guerres normandes), le logis des gouverneurs (musée de Normandie) et le musée des Beaux-Arts (primitifs flamands et italiens). C'est le major de ce château, Augustin Saffray de Mézy, que Louis XIV, à la recommandation de Mgr de Laval, choisit pour le poste de gouverneur de la Nouvelle-France en 1663. Il devait mourir à Québec deux ans plus tard. Ce personnage avait mené une vie plutôt dissolue jusqu'à ce qu'il rencontrât Jean de Bernières, trésorier de France à Caen ; celui-ci dirigeait un groupe de dévôts, et Mme de La Peltrie s'était adressée à lui afin de compter sur son soutien en vue de l'envoi de religieuses ursulines à Québec. C'était en 1636, l'année même où des colons caennais s'embarquaient pour la Nouvelle-France.

L'Hôtel de Ville loge dans l'abbaye aux Hommes, fondée en l'an 1066 par Guillaume le Conquérant, mais c'est peut-être ses vieilles églises qui font de Caen une remarquable ville patrimoniale. Le chevet de l'église Saint-Pierre est l'un des chefs-d'œuvre de la Renaissance normande, alors que les églises de la Trinité et Saint-Étienne constituent de précieux témoignages de l'art roman et que les deux nefs accolées de l'église Saint-Sauveur se distinguent par deux absides polygonales, l'une flamboyante, l'autre Renaissance. Dans l'impasse Duc-Rollon subsiste la maison dite de Guillaume, dont une partie date du XIIIe siècle.

Si Caen a su panser ses plaies et en effacer les cicatrices, elle n'en a pas pour cela oublié le souvenir de ses libérateurs. Boulevard Bertrand, une plaque rend hommage aux soldats canadiens qui ont contribué à chasser l'occupant, par le truchement de l'un d'eux demeuré anonyme : «Ici est tombé le 1er soldat canadien pour la libération de Caen, le 9 juillet 1944. » En plein centre de la ville, une place porte le nom du Canada, et l'avenue du Canada y aboutit, depuis la place Saint-Martin : c'est par là qu'arrivèrent les Canadiens.

Entrée principale du château de Caen.
On n'y accédait jadis que par un pont-levis.

Caen a aussi sa rue de Québec et sa rue de Montréal. Tout près de celles-ci, avenue Henry-Chéron, l'église Saint-Gerbold abrite une inscription latine de plus de cinquante lignes, un éloge funèbre de l'un de ses prieurs, Nicolas de Brébeuf, neveu du jésuite Jean de Brébeuf martyrisé par les Iroquois, en Huronie, au mois de mars 1649. Datant de 1691, année du décès du prieur, le texte évoque la mémoire du missionnaire de la Nouvelle-France.

Enfin, signalons que Caen est demeurée sensible au sort des Acadiens brutalement chassés de leurs terres en 1755. Elle a donné leur nom à l'une des artères de son nouveau quartier de la Folie-Couvrechef.

À 7 km à l'ouest de Caen, la D 9 passe par CARPIQUET, autre jalon de l'avance des libérateurs : ici aussi, une rue des Canadiens indique par où ceux-ci ont surgi. Et, tout à côté, AUTHIE a sa place des Trente-Sept-Canadiens.

C'est sur les plages du Calvados que débuta, pour les Canadiens, le Jour le plus long. De Caen, dirigeons-nous vers la côte par la D 7 (16 km). Elle conduit à SAINT-AUBIN-SUR-MER. Tout près d'un blockhaus, une stèle rappelle qu'à l'aube du 6 juin 1944 le régiment canadien d'infanterie *North Shore* établit ici une tête de pont, ouvrant la voie au 48e commando des *Royal Marines*.

Puis se présente BERNIÈRES-SUR-MER. Sur un autre blockhaus, une plaque rend hommage au régiment des *Queen's Own Rifles*. Tout à côté, la Commission des Monuments historiques du Québec a érigé une stèle : « Le Régiment de la Chaudière du Canada, commandé par le lieut.-col. Paul Mathieu, DSO, ED, débarqua sur cette plage à 0700 hres, le 6 juin 1944 — Je me souviens. »

À peine 3 km et nous voici à COURSEULLES-SUR-MER. Une grande croix de bois, hiératique, rappelle les faits d'armes des *Royal Winnipeg Rifles*. Une autre inscription honore la mémoire des 458 officiers et soldats des *Victoria Rifles* qui ont perdu la vie au cours du conflit. Une plaque indique le lieu de débarquement du *Canada Scottish Regiment*.

Mais le plus étonnant des mémentos demeure sans doute un char d'assaut Sherman qui, après avoir passé vingt-sept années au fond de l'eau, a été récupéré et transformé en trophée par les soins du Québécois Léo Gariépy, des *Royal Canadian Hussars*, un régiment de Montréal. Ce char à double propulsion avait un châssis étanche surmonté d'une structure de toile escamotable rendue rigide par des arceaux gonflés à l'air comprimé. Il se déplaçait dans l'eau grâce à deux hélices, mais redevenait un char traditionnel en touchant terre.

Ces trois dernières communes se présentent consécutivement en bord de mer, le long de la D 514. De Courseulles-sur-Mer, la D 79 conduit (à 5 km en retrait de la côte) à BÉNY-SUR-MER, où un peu plus de 2 000 soldats canadiens, nous l'avons déjà rappelé, ont été inhumés. La tenue de ce cimetière est impeccable. On y trouve une plaque à la mémoire des officiers et des soldats du régiment des *Cameron Highlanders*, d'Ottawa, qui ont péri au cours du conflit.

Prochaine étape, BAYEUX, une distance de 23 km depuis Courseulles-sur-Mer, par la D 514 (jusqu'à Arromanches-les-Bains), puis la D 516.

Bien sûr, c'est surtout pour sa cathédrale Notre-Dame (XIe s.) que les touristes visitent cette ville : c'est l'un des plus remarquables exemples du gothique normand. Le débarquement des Alliés, en juin 1944, fit de Bayeux la première ville de France libérée et un carrefour d'où s'élancèrent les colonnes de chars et d'infanterie à la reconquête de l'Europe de l'Ouest.

En mettant pied sur le sol de France, les hommes pouvaient apercevoir les deux flèches romanes de la cathédrale et sa célèbre tour du Patriarche, dont la pointe s'élève à 80 mètres. L'étage gothique qui surmonte la nef romane s'appuie sur des contreforts d'une étonnante légèreté et 35 arcades qui se succèdent autour du chevet.

La chapelle du monastère de Bayeux s'orne d'un grand tableau qui en domine l'autel. Il a été peint par Céline Martin, sœur de sainte Thérèse de l'Enfant-Jésus.

C'est donc au XIe siècle que la cathédrale fut consacrée, en présence de Guillaume le Conquérant et de son épouse, la reine Mathilde. Alors fut suspendue pour la première fois dans le nef la célèbre tapisserie dite de Bayeux, longue de 70 mètres, illustrant la conquête de l'Angleterre. Ce chef-d'œuvre unique — la première « bande dessinée », se plaisent à dire des vulgarisateurs —, on peut l'admirer dans l'hôtel du Doyen : c'est un attrait touristique et culturel qui attire chaque année des milliers de touristes.

Bayeux est justement fière de ses belles demeures, les hôtels de Marguerie, de la Tour-du-Pin, de la Crespellière, de Rubercy... La rue Franche, sur laquelle se trouvent ces deux derniers, compte aussi d'anciens manoirs, comme ceux de Saint-Manvieu et de Gilles-Buhot. La construction de ces demeures s'est située entre le XVe et le XVIIIe siècle. Mais c'est probablement dans la plus vieille maison de la ville que s'est installé l'Office municipal de Tourisme, rue des Cuisiniers : c'est un splendide spécimen d'architecture à colombage (XIVe s.)

Cette ville a un titre bien particulier à l'attention des Québécois. Ici, à l'ombre des clochers de la cathédrale, a vécu Catherine de Saint-Augustin, que plusieurs considèrent comme cofondatrice de l'Hôtel-Dieu de Québec, même si elle n'est arrivée en Nouvelle-France que neuf ans après les premières hospitalières : sa réputation de sainteté est telle que Rome l'a béatifiée en avril 1989. Depuis lors, le monastère de Bayeux possède une châsse contenant des reliques de la bienheureuse.

Un peu plus loin, quand nous nous arrêterons dans son bourg natal, nous reparlerons de cette fleur mystique de la Nouvelle-France. Pour l'instant, notons que les augustines de Bayeux conservent précieusement dans leur monastère la table sur laquelle, selon la tradition, la jeune Marie-Catherine de Longpré signa de son sang l'engagement de se fixer dans la lointaine colonie. Sa propre tante, Marie-Madeleine Julien de

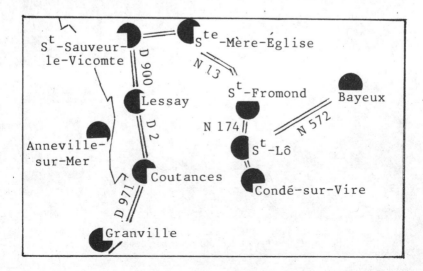

La Hanaudière, dite elle aussi de Saint-Augustin, avait fondé le monastère de Bayeux, et sa tombe figure dans le petit cimetière de la communauté.

Les archives du monastère conservent précieusement divers documents, dont l'un autorisait justement la maison à recevoir les vœux de la professe (mai 1648), âgée de 16 ans.

Le bâtiment actuel n'existait pas encore à l'époque de la jeune Catherine, car sa construction débuta en 1696, mais son architecture retient l'attention. Soulignons que le grand tableau qui domine l'autel de la chapelle a été peint par Céline Martin, la sœur de sainte Thérèse de l'Enfant-Jésus, dont nous avons évoqué la personnalité en passant par Lisieux.

La communauté de Bayeux était issue du monastère de Dieppe, considéré à juste titre comme la maison fondatrice, dont étaient également sorties celles de Vannes (1635) et de Rennes (1644).

Quittons Bayeux par la N 572. En 36 km, on atteint SAINT-LÔ, autre ville martyre de la Libération. Elle a été détruite aux trois quarts. Si sa reconstruction ne trahit guère les affres qu'elle a connues, sa cathédrale Notre-Dame en a conservé des stigmates. Affreusement mutilée, on songea tout d'abord à ne pas la restaurer, mais c'est un monument ancien (XVe-XVIe s.) et les caprices de la destruction avaient conféré à sa façade meurtrie un caractère de grandeur qui suscitait une profonde émotion. Remplacer ce grand mur de schiste dépouillé aurait donné naissance à un pastiche. L'architecte a préféré en conserver l'austérité tout en la tempérant par la richesse de trois portes de bronze.

La cathédrale a conservé sur son flanc gauche une chaire extérieure qui donnait jadis sur la cour du château et qui servait non seulement aux prédications mais à l'annonce des monitoires de l'évêque de Coutances et aux sentences prononcées par son official.

Quand vint le moment de regarnir les grandes fenêtres béantes de la cathédrale, l'une d'elles fut réservée à un personnage né dans un bourg de l'arrondissement et dont nous avons précédemment évoqué l'ultime sacrifice en Nouvelle-France, le missionnaire Jean de Brébeuf. Dans un vitrail, en effet, le maître verrier l'a représenté tenant les Saintes Écritures et partageant la gloire de l'au-delà avec saint Paul.

Si l'on veut avoir une idée des dommages que souffrit la cathédrale, il suffit d'y pénétrer et de regarder le grand Christ du jubé : lui seul dominait les ruines en juin 1944 !

Au sud-est de Saint-Lô, par la N 174, en à peine 10 kilomètres, nous voici à CONDÉ-SUR-VIRE, une commune de quelque 2 000 habitants. Rien de bien particulier n'y attire le gros des touristes, mais les Québécois ont une raison d'y faire halte : c'est ici justement qu'en 1593 naquit Jean de Brébeuf, dont nous avons déjà évoqué la fin tragique aux mains des Iroquois.

Entré au noviciat des jésuites à Rouen, il y enseigna plusieurs années puis en fut l'économe. Désigné pour les missions de la lointaine Nouvelle-France, il arriva à Québec en 1625 avec quatre collègues de son ordre. C'est auprès des Hurons qu'il œuvra. Rentré en France lors de la prise de Québec par les Kirke, on le retrouve en 1631, en qualité d'économe, au collège d'Eu, où nous avons précédemment admiré, comme lui sans doute il y a trois siècles et demi, le beau mausolée qu'y fit ériger Catherine de Clèves à la mémoire de son mari, le duc de Guise.

Revenu en Nouvelle-France en 1633, il devait assister à l'agonie de la Huronie, dans le conflit qui opposait les Iroquois aux Hurons. Plusieurs années durant, les premiers se limitaient à surprendre les flottilles qui remontaient le cours du fleuve Saint-Laurent vers les Grands Lacs, en direction de la Huronie, mais en 1647 ils investirent cette région. Au cours des deux années suivantes, les Iroquois conduisirent les missionnaires jésuites au poteau de torture, dont Jean de Brébeuf : les horribles souffrances qu'on lui fit subir défient toute description. Il fut canonisé en 1930 par Pie XI et proclamé dix ans plus tard, par Pie XII, avec sept compagnons martyrs, patron du Canada.

Rappelons que Jean de Brébeuf a été immortalisé dans le vitrail à Yvetot et à Saint-Lô, que deux de ses collègues, Jean de Lalande et Antoine Daniel, l'ont été de la même façon à Yvetot et à Dieppe. Quant à un autre, Isaac Jogues, aussi représenté à Yvetot, nous y reviendrons au moment de parcourir l'Orléanais, car sa maison natale existe toujours à Orléans.

Nous avons parlé d'indescriptibles tortures : le rapport qu'en firent les jésuites dans leurs *Relations* suscite tant d'hor-

À Condé-sur-Vire, on vous montrera ces ruines :
celles de la maison natale du missionnaire Jean de Brébeuf,
selon une tradition locale.

reur que le peintre Francisco de Goya, après en avoir pris
connaissance, a voulu fixer sur toile le martyre de Jean de
Brébeuf, sous le titre *Les Cannibales*, un tableau conservé au
musée des Beaux-Arts de Besançon.

À Condé-sur-Vire, si vous êtes québécois, on vous conduira
vers la Boissaie, la ferme où le missionnaire vit le jour. On vous
montrera même quelques ruines, celles de la maison de ses
parents, selon la tradition locale. Dans l'église communale, on
a aménagé une chapelle à sa mémoire. Un vitrail l'y représente
au poteau de torture. Sous une statue du missionnaire, une
inscription burinée dans le marbre :

SAINT
JEAN de BRÉBEUF
NÉ À CONDÉ-SUR-VIRE LE 25 MARS 1593

PREMIER APÔTRE DES HURONS AU CANADA, IL FUT
MARTYRISÉ
EN HAINE DE LA FOI PAR LES IROQUOIS
LE 16 MARS 1649

BÉATIFIÉ PAR LE PAPE PIE XI LE 21 JUIN 1925
CANONISÉ PAR LE MÊME PAPE LE 29 JUIN 1930

Dans la sacristie, un reliquaire et une châsse contiennent
des fragments d'os du saint. En y feuilletant le *Missel de France*,
on peut recourir au « Commun des Martyrs » pour célébrer les
mérites du saint : « Tu as voulu, Seigneur, que la parole et le
sang de tes martyrs, Jean de Brébeuf, Isaac Jogues et leurs
compagnons, sanctifient les débuts de l'Église en Amérique du
Nord ; fais que se lève partout, à leur prière, une moisson de
chrétiens chaque jour plus abondante. »

Condé-sur-Vire a, bien sûr, sa rue Jean-de-Brébeuf, et le
Québec a perpétué la mémoire du missionnaire en donnant son
nom à un canton de la région du Saguenay, à des rapides de
l'archipel d'Hochelaga (dont l'île de Montréal fait partie), à au
moins quatre lacs, de même qu'à une municipalité du comté
de Terrebonne. Et combien de personnages éminents du Québec, notamment chez les professionnels, n'ont-ils pas reçu leur
formation au réputé collège de Brébeuf, à Montréal ?

Revenons sur nos pas, par la N 174. À 13 km au nord
de Saint-Lô se présente SAINT-FROMOND, une autre petite
commune, d'à peine un millier d'habitants, et qui ne prétend
pas offrir aux touristes un patrimoine riche d'histoire ; mais les
Québécois admirateurs de Jean de Brébeuf trouveront dans son
église un autre vitrail, composé de deux volets hauts en couleur,
illustrant le martyre du missionnaire ; dans le coin inférieur
gauche, ses armoiries : « D'azur, au bœuf furieux de sable,
accorné et onglé d'or. » Saint-Fromond est à toute proximité de
la N 174, à l'est de celle-ci, sur la D 8.

Au nord de Saint-Fromond, la N 174 conduit à la N 13. Empruntons-la sur la gauche et, via Carentan, remontons jusqu'à SAINTE-MÈRE-ÉGLISE (25 km depuis Saint-Fromond). Dans ce village, au cours de la nuit du 5 au 6 juin 1944, atterrirent les premières divisions aéroportées des États-Unis, alors même que, sur d'autres points de la Normandie, d'autres forces alliées, certaines venues du Canada, s'apprêtaient à débarquer dans la poursuite du même noble objectif.

Certains voudront, par la N 13, pousser jusqu'à CHERBOURG (30 km). Combien de Québécois n'ont-ils pas abordé la France par ce port au temps des grands paquebots ? Port de commerce, arsenal militaire, bien connu pour ses chantiers navals d'où sortirent tant de lévriers des mers, Cherbourg ne renonce pas pour cela à son appartenance à l'histoire. Dès l'an 911, les Normands s'établissaient sur son territoire, et leur chef, Rollon, devenait le premier duc de Normandie. Après la victoire de Hastings en 1066, Cherbourg passa sous la domination des nouveaux rois d'Angleterre, statut qui, à part de rares intervalles, se maintint jusqu'à la fin de la guerre de Cent Ans (1450).

L'église de la Trinité (XVe-XVIe s.), de style flamboyant, domine la grande place Napoléon, où s'élève une statue de l'empereur. Près de l'arsenal subsistent des vestiges de l'ancienne abbaye du Vœu, fondée en 1145 par la reine Mathilde. Depuis le fort du Roule, qui abrite le musée de la Guerre et de la Libération, s'offre un magnifique panorama sur la ville et la rade. Des communications directes relient Cherbourg aux îles Anglo-Normandes de même qu'à Plymouth, Weymouth, Southampton et Portsmouth, de l'autre côté de la Manche.

Mais, depuis Sainte-Mère-Église, reprenons notre périple québécois. Les D 67 et 70, jusqu'à Pont-l'Abbé, puis la D 15

L'église de Saint-Sauveur-le-Vicomte,
où la bienheureuse Catherine de Saint-Augustin reçut le baptême en 1632.

(en tout, 20 km) conduisent à SAINT-SAUVEUR-LE-VICOMTE. L'ancien château garde les vestiges d'une forteresse du XIIe siècle, dont un imposant donjon ; celui-ci abrite un musée consacré à Barbey d'Aurevilly.

Mais la commune s'enorgueillit d'une autre personnalité. Entrons dans l'église (XVe-XVIe s.), qui possède plusieurs belles statues. Tout près des fonts baptismaux, une plaque discrète attire l'attention :

> SUR CES FONTS A ÉTÉ BAPTISÉE
> LE 3 MAI 1632
> LA SERVANTE DE DIEU
> CATHERINE DE LONGPRÉ
> EN RELIGION CATHERINE DE SAINT-AUGUSTIN
> MORTE EN ODEUR DE SAINTETÉ
> À QUÉBEC LE 8 MAI 1668

Ainsi, nous retrouvons dans cette commune la jeune professe dont nous avons évoqué la mémoire à Bayeux, « vraie fleur mystique, vraie sainte française qui s'est sacrifiée au Canada », écrivait en 1924 Mgr Thomas, évêque de Bayeux et de Lisieux. Elle était la fille de Jacques-Simon de Longpré, avocat, et de Françoise de Launay-Jourdan, dont le père agissait comme lieutenant civil et criminel. Nous avons déjà évoqué la carrière de Catherine de Saint-Augustin ; il serait superflu d'y revenir.

Signalons cependant qu'à Saint-Sauveur-le-Vicomte œuvre un sculpteur qui ne manque ni de patience ni de talent. En effet, Pierre Bataille a reproduit en vraie grandeur toute la célèbre Tapisserie de Bayeux, longue de 70 mètres. Il lui a fallu huit années et le bois de deux chênes pour sculpter les 22 panneaux de cette « bande dessinée » qui raconte la conquête de l'Angleterre par les Normands. Ce chef-d'œuvre a été exposé à Manchester en 1986, lors d'une exposition marquant le 900e anniversaire du *Domesday Book*, un recensement des domaines de l'Angleterre établi à des fins administratives par Guillaume le Conquérant.

Comme pour se reposer de cette entreprise, Pierre Bataille affûta ses ciseaux et, après Guillaume le Conquérant, se tourna vers Jacques Cartier et sculpta dans la masse huit grandes fresques, des hauts-reliefs illustrant les principaux épisodes du premier voyage du navigateur malouin en 1534, depuis le moment où François Ier lui en confia le mandat jusqu'à celui où, de retour, il présenta au roi deux des premiers Amérindiens à avoir franchi l'Atlantique.

Reprenons la route à partir de Saint-Sauveur-le-Vicomte. La D 900, vers le sud, conduit à Lessay, d'où la D 2 descend jusqu'à COUTANCES (40 km au total). Cette ville, chef-lieu d'arrondissement, compte quelque 10 000 habitants. Sa cathédrale Notre-Dame, chef-d'œuvre du gothique normand (XIIIᵉ s.), avec ses deux clochers à flèches, possède une remarquable tour lanterne octogonale.

À l'époque de la Révolution, Louis Antoine de Bougainville a fait de la Bectière, un domaine situé à ANNEVILLE-SUR-MER, sa résidence habituelle. Ce dernier bourg se trouve sur la côte, au nord-ouest de Coutances, une distance de 20 km par la D 44 jusqu'à Tourville, puis par la D 650.

Le touriste québécois ne saurait se désintéresser de ce personnage, arrivé à Québec en 1756 en qualité d'aide de camp du marquis de Montcalm, et qui fut d'à peu près toutes les opérations militaires de la guerre du Canada jusqu'à la capitulation en 1760. Plus tard, à bord de *La Boudeuse*, il devint le premier navigateur français à effectuer un tour du monde (1766-69). C'est à la Bectière, d'ailleurs, qu'il rédigea le compte rendu de son célèbre voyage de circumnavigation.

Il y menait sans doute une existence plutôt retirée, mais c'était un aristocrate, et les sans-culottes ne le lui pardonnaient peut-être pas. Héros d'une expédition qui avait plongé les encyclopédistes dans le ravissement, demeuré fidèle à la monarchie, à son passé politique, il est emprisonné à Coutances pendant plusieurs mois, tandis que sa jeune épouse de trente ans sa benjamine, Marie-Joséphine Flore de Longchamp-Montendre, doit à une ruse sa fuite jusqu'à Saint-Malo : c'est déguisée en

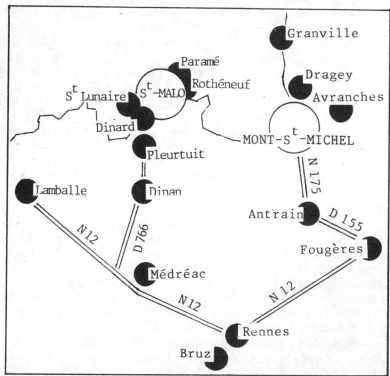

Le manoir de Brion, situé à Dragey. C'est ici que le cardinal Le Veneur aurait présenté Jacques Cartier à François Ier, en 1532.

matelot qu'elle traversa la baie du Mont-Saint-Michel. Jusque-là, elle n'avait de nouvelles de son mari que grâce à son fils Alphonse, âgé de 5 ans, qui lui rendait visite : le prisonnier cachait des billets à son intention dans les chaussures de l'enfant.

De Coutances, la D 971 conduit à Granville (29 km), dont les remparts offrent de superbes panoramas. Nous pourrions, par la D 973, nous rendre directement à Avranches (26 km), mais nous suggérons d'emprunter plutôt la D 911, qui longe la côte, car, après 19 km, on atteint la commune de DRAGEY, où existe toujours le manoir de Brion ; c'est ici qu'en 1532 Jean Le Veneur, abbé du Mont-Saint-Michel, présenta Jacques Cartier à François Ier.

Tout d'abord prieuré bénédictin, le domaine de Brion devint fief féodal en 1387, par ordonnance de Charles VI. Dès lors, Brion servit de résidence de plaisance aux abbés du Mont-Saint-Michel, et d'étape à la cour et aux importants personnages. Le manoir que l'on voit aujourd'hui a été construit à partir de 1509, et c'est Jean Le Veneur, alors abbé du Mont-Saint-Michel et évêque de Lisieux, qui le termina en 1526. Six ans plus tard, donc, François Ier s'y arrêtait, en route pour la Bretagne, qu'il allait rattacher à sa couronne. Et c'est à la faveur de ce séjour que le père abbé présenta Cartier au roi, dans l'espoir que celui-ci confierait à ce pilote chevronné un voyage de découverte au Nouveau Monde.

En 1534, alors que le capitaine malouin explore les parages des îles de la Madeleine, il débarque sur la plus petite de celles-ci, « la meilleure terre que nous ayons veu, car ung arpent d'icelle terre vaulx mielx que toute la Terre Neufve », et lui donne

C'est en 1509 que débuta la construction du manoir de Brion,
et c'est le cardinal Le Veneur, alors abbé du Mont-Saint-Michel,
qui le termina en 1526.

le nom d'île de Brion, en l'honneur de Philippe de Chabot,
seigneur de Brion et grand amiral de France depuis 1525.

Depuis Dragey, la distance pour AVRANCHES est de 14
km. De la terrasse de cette ville, l'œil porte à l'infini sur la baie
du Mont-Saint-Michel. L'ancien palais épiscopal eut un évêque
nommé Péricard ; c'était un autre oncle maternel de François
de Montmorency-Laval, premier évêque de Québec.

Mais nous voici presque au terme de notre périple en
Normandie. Nous ne sommes plus qu'à 30 km du justement
célèbre Mont-Saint-Michel, via Pontorson (par la N 176 et la D
976), et à seulement 22 km si nous choisissons une route
parallèle à la côte (D 43, 75 et 275).

LE MONT-SAINT-MICHEL

C'est, pourrait-on dire, dans une apothéose que nous prendrons congé de la Normandie. Tout d'abord parce que Le Mont-Saint-Michel est l'un des plus célèbres sites de France. Ensuite parce que c'est le titulaire de cette abbaye qui fut à l'origine, nous l'avons vu, du noble projet de la prise de possession du Canada par François Ier.

Nous ne voulons pas recourir ici au terme «découverte», qui figure souvent dans les manuels scolaires. La vocation atlantique de la France naquit tardivement. Au lendemain du voyage de Colomb, avons-nous rappelé précédemment, le pape Alexandre VI (Borgia) avait réservé par bulle aux rois de l'Espagne et du Portugal le droit de propriété de toutes les îles et les terres à découvrir au-delà d'un méridien passant à l'ouest des îles du Cap-Vert.

Au départ, les Valois ne s'en émurent pas, car la France était entièrement tournée vers la Méditerranée et l'Orient, mais peu à peu les armateurs, dont les Ango, père et fils, convoitèrent les richesses de l'Occident, notamment du Brésil. Le problème de la liberté des mers était le dernier souci du pape et des souverains. François Ier l'aborda résolument : «Je voudrais bien voir l'article du testament de notre père Adam qui lègue aux seuls rois d'Espagne et du Portugal la propriété des terres sises à l'Ouest.»

À Rome, Charles VII succéda à Alexandre VI. Nous avons vu, en passant à Tillières-sur-Avre, qu'un neveu du nouveau pape, le cardinal Hippolyte de Médicis, avait un bon ami en la personne de Jean Le Veneur. Celui-ci, en 1505, avait été nommé évêque de Lisieux. Il bénéficiait de la confiance de Louis XII, et François Ier lui accorda la sienne, à tel point qu'en 1517 le souverain lui réserva l'honneur insigne de couronner son épouse, Claude de France. En 1526, François Ier le faisait Grand Aumônier de France. Quatre ans plus tard, l'évêque de Lisieux célèbre le mariage du roi à sa seconde épouse, Éléonore d'Autriche, fille de Philippe Ier, roi de Castille, et c'est encore lui qui couronnera celle-ci à Saint-Denis !

En 1523, le dernier abbé régulier du Mont-Saint-Michel décédait. Grâce à l'intervention du roi, c'est l'évêque de Lisieux qui lui succéda, avec le titre d'abbé commendataire.

La France, avons-nous dit, se désintéressait des promesses de l'Atlantique, mais pas ses armateurs ni ses pêcheurs. Dès le début du XVIe siècle, des marins bretons font la pêche aux «terres neuves». En 1524, le Florentin Verrazano, au service de la France, apparenté à des banquiers de Rouen, pousse ses voiliers jusqu'à l'île du Cap-Breton.

Plusieurs marins courageux ont ainsi exploré les côtes des Amériques. Ils recherchent, du côté de l'ouest, un passage... vers l'Orient. François Ier s'intéresse au lucratif commerce des épices. Peut-il lancer ses caravelles à la découverte vers l'ouest ? D'une part, il a épousé la fille du roi de Castille. D'autre part, son indéfectible commensal Jean Le Veneur, par le truchement du cardinal de Médicis, a obtenu de Charles VII une certaine souplesse aux bulles d'Alexandre VI.

Or, le procureur fiscal de l'abbaye du Mont-Saint-Michel avait un parent qui souhaitait entreprendre un voyage de découverte dans la même direction, afin d'y «descouvrir certaines ysles et pays où l'on dit qu'il se doibt trouver grant quantité d'or et d'autres riches choses». C'était Jacques Cartier, qui avait participé à des voyages au Brésil. En fait, le capitaine malouin espérait trouver une route vers le Cathay et les Indes.

On le voit, Le Mont-Saint-Michel apparaît aux origines mêmes du Canada.

Cet ensemble architectural, disions-nous précédemment, est l'un des plus recherchés par les touristes. Malgré son éloignement géographique par rapport à Paris, il reçoit chaque année presque autant de visiteurs que le château de Versailles. Il constitue en soi un défi que des générations de bâtisseurs ont su relever. L'édification des édifices qui couronnent ce piton de forme conique, haut de 100 mètres, s'est échelonnée sur cinq siècles. C'est une abbaye carolingienne qui servit d'assise à l'abbaye romane érigée aux XIe et XIIe siècles. Par la suite débuta la construction de l'abbaye gothique, notamment de la Merveille, bâtiments affectés aux moines, aux pèlerins et à l'accueil des hôtes de marque : entreprise audacieuse, certes, que de devoir hisser à pied d'œuvre, avec les moyens du temps, des blocs de granit venus de loin ; l'arête du sommet étant étroite, il fallut prendre appui sur les flancs du rocher. Une nef et un transept romans précèdent un splendide chœur flamboyant. C'est probablement dans la salle des Chevaliers, à quatre nefs, qu'en 1532 l'abbé Le Veneur reçut François Ier, mais c'est plutôt au manoir de Brion, pense-t-on, qu'il lui présenta Cartier.

Après avoir visité Le Mont-Saint-Michel, on comprend que cette abbaye n'ait jamais été prise !

Au Mont-Saint-Michel, nous sommes aux portes de la Bretagne, et c'est depuis Saint-Malo que s'est réalisé le grand rêve de Jean Le Veneur, à qui Clément VII accorda en 1533 la dignité cardinalice.

Vous ne quitterez pas la Normandie, cette région si riche en souvenirs québécois, sans formuler le vœu d'y revenir. Et vous vous surprendrez à fredonner ce vieux refrain qui a bercé notre enfance :

J'irai revoir ma Normandie,
C'est le pays qui m'a donné le jour.

BRETAGNE

Le lecteur croira probablement que la prochaine étape sera Saint-Malo, puisque la distance qui nous en sépare n'est, depuis Le Mont-Saint-Michel, que d'environ 60 km par la D 976, qui ramène à Pontorson, puis par les N 176 et 137, via Dol-de-Bretagne et Saint-Servan-sur-Mer.

Par contre, la route est plus pittoresque par la côte. À partir de Pontorson, la D 797 conduit sur les bords de la baie du Mont-Saint-Michel ; à partir de Vivier-sur-Mer, la D 155 en constitue en quelque sorte le prolongement en bordure de la célèbre baie et de celle de Cancale, si justement réputée pour ses parcs ostréicoles : tout le long de la route, d'accueillants estaminets offrent aux passants de séduisantes assiettes chargées de cancales. Depuis le port de pêche de Cancale, la D 355 conduit à Saint-Malo.

Pourtant, c'est un autre itinéraire que nous vous proposons, un détour de quelque 180 km, en rappelant que nos itinéraires ne sont pas conçus pour une clientèle internationale mais bien pour les Québécois soucieux des origines de leur pays.

La D 976, avons-nous signalé, amène du Mont-Saint-Michel à Pontorson (10 km). De là, toujours en roulant vers le sud, on atteint, par la N 175, la petite commune d'Antrain (12 km). Empruntons ici, en direction du sud-est, la D 155, et nous entrons (25 km) dans FOUGÈRES.

Fougères, un bel exemple de l'architecture militaire du Moyen âge, fut jadis l'une des grandes portes de la Bretagne.

C'était autrefois l'une des grandes portes de la Bretagne, et c'est un bel exemple de l'architecture militaire du Moyen Âge. D'ailleurs, Victor Hugo et Balzac en ont admiré les puissants remparts et son château que défendaient 13 tours. Fougères, c'était la citadelle du duché de Bretagne, aux confins de la Normandie et du Maine.

En 1488, Fougères devenait ville française, et l'on en confia le gouvernement à de prestigieux personnages. L'un d'eux fut Troïlus de Mesgouez, mieux connu sous le nom de marquis de La Roche.

En 1576, celui-ci avait sollicité une commission royale pour « s'expatrier aux terres neuves » afin de les faire siennes « toutes et chacunes » : le futur Canada. On la lui octroya dans les mois qui suivirent et il devint ainsi « vice-roi ès dites terres neuves ». Son premier souci fut d'aller reconnaître ces lointains pays, mais il eut le malheur de croiser en mer le favori d'Élisabeth Iʳᵉ, Walter Raleigh, qui était aussi dévoué courtisan qu'habile navigateur, ce qui ruina ses espoirs.

En 1584, le sort s'acharne une nouvelle fois sur lui : son vaisseau sombre à la hauteur de Brouage. En attendant de pouvoir exercer ses privilèges vice-royaux ès terres neuves, le marquis se voit confier le gouvernement de Fougères en 1589.

Mais les guerres de religion font rage et il prend parti contre la Ligue, dont le chef est le gouverneur de Bretagne, le duc de Mercoeur, dont Henri III avait épousé la sœur. Le duc s'empare de la place et le malheureux marquis va gémir dans les cachots du château de Nantes.

En 1598, Henri IV reconnaîtra ses mérites et le fera son lieutenant général « en pays de Canada, Hochelaga, Terre-Neuve, Labrador et île de Sable ». Mais sa tentative d'établissement au Canada échoua lamentablement et il décéda en 1606.

Fougères fut maintes fois investie depuis ses origines au XIᵉ siècle. Chaque fois, son château s'est relevé de ses ruines. En 1940, les Allemands y entraient sans coup férir. Quatre ans plus tard, des bombardements anglo-américains faisaient de Fougères une commune sinistrée dont environ le cinquième seulement n'avait pas été touché. Les Américains y pénétraient à leur tour le 3 août 1944. Fougères survécut à la foudre tombée du ciel pour redevenir l'un des hauts lieux du tourisme culturel de la France.

Depuis Fougères, la N 12, direction sud-ouest, conduit à RENNES (48 km), qui est riche en monuments dignes d'intérêt. Le vieux quartier, derrière l'Hôtel de Ville, compte plusieurs maisons anciennes. L'église Notre-Dame, reconstruite au XIVᵉ siècle, était une abbatiale romane ; elle est contiguë à de vastes jardins, de même que l'abbaye Saint-Melaine (XVIIᵉ s.), qui possède un très beau cloître.

Au centre de la ville, place de la République, voir l'imposant Palais du Commerce ; on dit que les architectes de l'Hôtel de Ville de Montréal se sont inspirés du style Renaissance de ce

Le Palais du Commerce de Rennes.
Les architectes de l'Hôtel de Ville de Montréal s'en seraient inspirés.

bel édifice. Signalons à l'attention des chercheurs que Rennes étant le chef-lieu d'Ille-et-Vilaine, les archives départementales s'y trouvent. On peut, par exemple, y consulter les registres de l'état civil de Saint-Malo ; l'auteur de ces lignes y a repéré l'acte de baptême de François Gravé, sieur du Pont, qui remonta le Saint-Laurent jusqu'aux Trois-Rivières dès 1599, et grâce à qui Champlain fonda Québec neuf ans plus tard.

Le château de Bruz. L'intendant Claude-Thomas Dupuy y décéda en 1738.

Avant de quitter Rennes, notons qu'au sud-ouest de la ville, à BRUZ, se trouve le château de Carcé, où décéda, en 1738, Claude-Thomas Dupuy, qui avait été intendant de la Nouvelle-France pendant trois ans et y avait connu une carrière mouvementée. Pour aller à Bruz, prendre la N 137. Après 12 km se présente la D 44 ; prendre celle-ci sur la droite ; la commune n'est qu'à 4,50 km, et le château, à 2 km de l'église. Il est en excellent état et abrite une institution pour enfants mentalement handicapés.

Quittons Rennes par la N 12, qui, cette fois, s'infléchit vers le nord-ouest. En une trentaine de kilomètres, elle nous amène à Montauban (ne pas confondre avec la cité du même nom dans le Tarn-et-Garonne, ancienne province de Guyenne, et qui a donné son nom à notre Montauban, comté de Portneuf). Montauban-de-Bretagne est une commune de quelque 3 000 habitants. De là monte vers le nord la D 61, qui, en 7 km, atteint MÉDRÉAC, petite patrie de la famille Dufrost de Lajemmerais. C'est d'ici que partit un membre de celle-ci, Christophe, en 1687, pour la Nouvelle-France. Quatorze ans plus tard, Christophe Dufrost fondait un foyer à Varennes, et c'est l'année suivante que naquit Marie-Marguerite, la future Mère d'Youville, fondatrice des sœurs grises.

Le manoir des Dufrost de Lajemmerais n'existe plus, mais on en retrouve quelques vieilles pierres dans les communs de la ferme ; peut-être le colombier et le petit four à pain qui y subsistent datent-ils du XVIIe siècle. Mais la réputation de Mère d'Youville anime la vieille paroisse depuis que la fondatrice accéda au rang des bienheureux en 1959. Elle fut la première Canadienne béatifiée par Rome. Dans l'église, un grand portrait de Mère d'Youville retient l'attention ; dans la sacristie, un reliquaire en forme de croix enchâsse des reliques de la bienheureuse. Signalons qu'à la date du 16 octobre, anniversaire du baptême de la religieuse, le *Missel de France* comporte une prière évoquant son œuvre : « Dieu de puissance et de miséricorde, tu as conduit la Bienheureuse Marie-Marguerite d'Youville sur les chemins qui passaient par la croix et tu as voulu que sa charité brûlante fasse naître dans ton Église une nouvelle famille religieuse ; accorde-nous d'imiter sa patience et sa charité. »

Sortons de Médréac par la D 220 : 5 km et nous retrouvons la N 12. Prenons-la sur la droite ; seulement 3 km et la D 766 se présente ; empruntons-la, également sur la droite, et nous atteindrons bientôt DINAN (23 km). On voudra sans doute s'y arrêter pour en admirer la vieille ville avec ses remparts, ses rues étroites bordées de maisons à encorbellement si typiques des anciennes cités bretonnes. Dans l'église Saint-Sauveur se trouve le cénotaphe du cœur du célèbre homme de guerre Bertrand Du Guesclin, qui, pendant la guerre de Cent Ans, chassa les Anglais du Poitou, de la Normandie, de la Guyenne et de la Saintonge.

Les ruines du château de la Garaye demeurent impressionnantes.

Tout à côté de Dinan, les vestiges du château de la Garaye évoquent la mémoire de la mère de Mgr Henri-Marie du Breil de Pontbriand, le sixième évêque de Québec. Pour s'y rendre, emprunter la D 2 en direction de Ploubalay ; à seulement 2 km, la route passe dans un viaduc sur lequel court la N 176. Tout de suite se détache sur la droite un chemin vicinal qui conduit aux ruines ; ce qui reste de la façade du château est impressionnant.

Revenir à la D 2, la reprendre sur la gauche et, une fois passé le viaduc, emprunter sur la gauche la bretelle qui conduit à la D 766, direction Dinard. À 15 km, nous abordons PLEURTUIT. Ici s'écoula la jeunesse de l'évêque mentionné plus haut, né à Vannes. Son père, Joseph-Yves du Breil, chevalier, comte de Pontbriand, était seigneur de moult lieux. Il occupa d'importants postes, dont celui d'inspecteur et d'administrateur des capitaineries des évêchés de Dol, de Saint-Malo et de Saint-Brieuc. Quant à Mgr de Pontbriand, il décéda à Montréal chez les sulpiciens le 8 juin 1760, s'y étant retiré peu avant l'entrée des Anglais dans Québec. Ses restes sont inhumés sous le grand séminaire de Montréal, rue Sherbrooke.

Nous sommes tout près de Saint-Malo. En sortant de Pleurtuit, le prolongement vers le nord de la D 766 devient la D 226, qui conduit (4 km) à la D 168. Celle-ci, que nous prenons sur la droite, a cette particularité qu'elle court sur la digue de l'usine marémotrice de la Rance. L'eau de mer s'accumule derrière ce barrage à marée montante, puis se retire. Ce mouvement actionne les génératrices. L'estuaire de la Rance est une station balnéaire très fréquentée. De l'autre côté, Saint-Servan-sur-Mer constitue en quelque sorte la banlieue immédiate de Saint-Malo.

SAINT-MALO

À l'époque de Jacques Cartier, la célèbre cité corsaire était encore une île : la nuit, on lâchait des chiens de guet pour assurer la sécurité du port et des chemins de ronde. D'ailleurs, l'écu de la ville, avec son hermine passante, est accosté de deux dogues. Depuis lors, de larges jetées en ont fait une presqu'île.

Dès la fin du XVIe siècle, Saint-Malo se réclame république et traite à la fois subtilement avec le royaume de France et le duché de Bretagne. « Ni bretonne ni française », proteste-t-elle, « malouine suis ». En temps de guerre, les ardents Malouins, hache au poing, montent à l'abordage, coutelas entre les dents. En temps de paix, leurs frégates, leurs long-courriers s'élancent vers l'inconnu, suivent les routes des Indes et de la Chine, du Chili et du Pérou, des Antilles et de l'Arabie, du pays de Canada. Jacques Cartier est bien de cette trempe lorsqu'il y fait voile en 1534.

Cette fascination pour les lointaines entreprises devait perdurer. Lorsqu'en 1763, l'année même du traité de Paris, Louis Antoine de Bougainville, qui a fait toute la guerre du Canada sous le marquis de Montcalm, entre dans la marine et va prendre possession, au nom de Louis XV, des Malouines (les actuelles

Une promenade sur les remparts de Saint-Malo
permet d'admirer les maisons des corsaires de jadis,
reconstruites fidèlement après la dernière guerre.

La Grande Porte de Saint-Malo donne sur le port de plaisance.

Falkland), ses deux capitaines diront : « Nous tentons de grandes choses avec de petits moyens. » Bougainville tenta d'y fonder une colonie avec des Acadiens réfugiés en Bretagne après le « grand dérangement ».

Lourdement endommagée au cours de la Deuxième Guerre mondiale, Saint-Malo a retrouvé ses remparts et ses maisons de corsaires grâce à de longs et coûteux travaux de restauration. Pénétrons dans la ville close, soit par la Grande Porte, soit par la porte Saint-Vincent. Entre les deux, parallèle à la muraille, court la rue Jacques-Cartier. On se sent déjà chez soi! A-t-on franchi la porte Saint-Vincent? Elle donne sur la venelle aux Chiens; sans doute y gardait-on jadis des dogues chargés de monter la garde. Quant à la Grande Porte, elle s'ouvre sur la Grande-Rue, qui donne sur le chevet de la cathédrale. À gauche de celle-ci se présente la place du Pilori, entre les rues Broussais et de la Vieille-Boucherie. Or, au-delà de la place, trois étroites chaussées permettent d'aller d'une rue à l'autre, les passes dites de la Grande-Hermine, de la Petite-Hermine et de l'Émérillon; on a voulu ainsi perpétuer les noms des trois nefs de Cartier.

Saint-Malo a aussi sa rue du Canada, sa place de la Grande-Hermine, sa rue Hochelaga et son lycée Jacques-Cartier.

Mais toutes ces appellations qu'aperçoit le visiteur ne sont pas les seuls témoignages d'amitié qui retiennent l'attention des Québécois. Entrons dans la cathédrale, le seul édifice qui, à l'intérieur de la ville close, a échappé à une complète destruction sous les bombardements. Il a fallu la restaurer avec soin et habiller ses murs de vitraux modernes. On a eu recours, dans ce dernier cas, au maître verrier Max Ingrand, celui-là même, on s'en souvient peut-être, qui s'est acquitté des grandes fresques de l'église d'Yvetot, en Normandie.

Dès l'entrée, on aperçoit, côté droit, l'une de ses œuvres: elle rappelle, grâce à la magie du verre qu'anime le soleil, une phrase de la relation de Cartier: «... fûmes nous présenter au chœur de ladite église devant le révérend père en Dieu Mgr de Saint-Malo, lequel, en son état épiscopal, nous donna sa bénédiction.» C'était le 16 mai 1535, au départ du deuxième voyage.

D'ailleurs, si l'on descend l'allée centrale de la cathédrale, on lit une mosaïque incorporée aux dalles du parquet:

> ICI
> S'EST AGENOUILLÉ
> JACQUES CARTIER
> POUR RECEVOIR LA BÉNÉDICTION
> DE L'ÉVÊQUE DE SAINT-MALO
> À SON DÉPART POUR LA DÉCOUVERTE
> DU CANADA LE 16 MAI 1535
>
> ———
>
> HONORÉ MERCIER
> PREMIER MINISTRE DE QUÉBEC
> SOUVENIR DE SA VISITE
> 1891

Nous avons déjà signalé le passage de Mercier à Tourouvre, où il avait promis d'offrir à l'église deux vitraux qui y rappellent toujours sa visite.

Dans la cathédrale, une dalle de marbre noir
identifie la tombe de Jacques Cartier.

Dans un bas-côté, sur la gauche, quelques marches descendent vers la chapelle contenant le tombeau de Cartier, une
grande dalle de marbre noir : «Jacques Cartier — 1491-1557».
Au mur, une inscription :

ICI REPOSE LE CHEF
DE JACQUES CARTIER
NATIF DE S. MALO DE L'ISLE
DÉCOUVREUR DU CANADA
QUI TRÉPASSA EN L'AN 1557.

SA SÉPULTURE FUT RETROUVÉE
EN CETTE CATHÉDRALE
EN L'AN 1949

C'est à la faveur des travaux de restauration de la cathédrale qu'on a retrouvé les restes de Cartier ; mais comment
a-t-on pu les identifier ? se demandera-t-on.

Cartier passa l'hiver de 1535-36 à Stadaconé, et le scorbut fit de tels ravages chez ses équipages qu'au printemps il dut y abandonner l'un de ses voiliers. Or, dit-on, le scorbut laisse des traces dans l'ossature de ceux qui en ont été atteints ; souvent elles se manifestent par des déformations de la mâchoire, et c'est l'un des facteurs qui permirent de reconnaître le chef du découvreur.

On ne saurait quitter Saint-Malo sans visiter, près de la porte Saint-Vincent, le musée Quic-en-Groigne, un nom qui étonne à prime abord. C'est que le bâtiment a été érigé en 1498 par la duchesse Anne malgré les Malouins, dont elle rejeta les protestations, décidant que la construction s'en effectuerait « qui qu'en grogne » !

La statue de Cartier sur les remparts.

Ce musée contient des pièces qui évoquent l'existence de Cartier, notamment une maquette de sa *Grande Hermine*, des vestiges de sa *Petite Hermine*, retrouvés à Québec en 1843, son testament et un portrait. En fait, on ne peut considérer celui-ci comme authentique, car il n'en existe pas, mais le peintre François Riss en avait imaginé un qui demeure toujours fort populaire. Or, ce tableau disparut lors des bombardements de 1944, et celui qui figure au musée en est une copie exécutée par l'artiste québécois Théophile Hamel.

On aura sans doute voulu, avant de reprendre la route, faire le tour de la ville close. Du haut des remparts, au fil des chemins de ronde, s'offrent des panoramas splendides. Au bastion de la Hollande se dresse la statue de Jacques Cartier, représentant le capitaine au timon de sa *Grande Hermine*. Elle a été érigée en 1905 au moyen de fonds recueillis au Canada par le barde breton Théodore Botrel, et, en France, par un comité malouin. En 1984, une plaque de bronze a été fixée au piédestal pour marquer le 450e anniversaire du premier voyage de Cartier ; elle a été dévoilée par le Premier ministre du Canada.

On ne compte plus les grands capitaines malouins qui sont passés à l'histoire : cette promenade, par exemple, permet d'admirer d'autres effigies, celles du corsaire Surcouf et de Duguay-Trouin. Le premier sillonna l'océan Indien, capturant de nombreux navires anglais, ce qui lui valut d'être fait baron de l'Empire ; le second s'illustra pendant les guerres de Louis XIV et prit Rio de Janeiro.

Depuis les remparts, on aperçoit la tour Solidor, érigée en 1382 par le duc Jean IV pour assurer la surveillance de l'entrée de la Rance ; elle abrite maintenant le Musée international du Long Cours cap-hornier. L'œil porte aussi jusqu'au Grand-Bé, où un autre fils de Saint-Malo, Chateaubriand, a voulu que l'on érigeât son tombeau « pour n'entendre que le vent et les flots ».

Mais, tout sensibles qu'ils soient à la grandeur de leur passé, les Malouins ne se coupent pas de la réalité et savent profiter des joies de la moderne civilisation des loisirs, comme en font foi la fréquentation de la belle plage du Bon-Secours, que caressent les flots salins de l'Atlantique, au pied des remparts, et la forêt de mâts qu'aperçoit le visiteur au moment de pénétrer dans la ville close : même si, dans le grand port, les hunes des galions ont fait place aux cargos mus au diesel, la voile a retrouvé ses droits grâce aux plaisanciers.

On ne s'arrache pas de Saint-Malo sans éprouver un impérieux désir d'y revenir. D'ailleurs, comment tout Québécois parcourant la ville pourrait-il s'empêcher d'entendre fredonner dans son subconscient une chanson qui a bercé sa jeunesse ?

> *À Saint-Malo, beau port de mer,*
> *Trois gros navires sont arrivés...*

Aussi, avant de reprendre notre périple breton, irons-nous à PARAMÉ, une commune si voisine de Saint-Malo qu'elle pourrait en constituer un important quartier. Tout près du château de la duchesse Anne (l'Hôtel de Ville) débute, vers l'est, la chaussée du Sillon. Peu après le bassin Duguay-Trouin, s'ouvre, en serrant la droite, le boulevard Chateaubriand, qui conduit à la place Aristide-Briand. Ici, sur la droite, s'amorce l'avenue des Portes-Cartier : c'est l'itinéraire qui permet d'atteindre *Limoëlou*, la gentilhommière où Jacques Cartier finit ses jours.

D'où vient cette appellation de *Limoëlou*, dont le nom de Limoilou donné à un quartier de Québec est dérivé ? Cartier avait rapporté du Brésil, dit-on, des plants de citronnier. Or, en portugais, *limoil* signifie « lime » ou « citron vert ».

La gentilhommière de Cartier, à Paramé.

La propriété est complètement enclose. Près du portail, une inscription gravée dans le marbre :

À
JACQUES CARTIER
———
HOMMAGE DE LA SOCIÉTÉ HISTORIQUE
et ARCHÉOLOGIQUE de l'ARRONDISSEMENT
de ST-MALO 24 juillet 1905

Au-dessous, une flèche indique la direction de Rothéneuf.
Alors que beaucoup de gentilhommières malouines ont subi d'importantes transformations, celle de Cartier a conservé son intégrité architecturale. Il y a quelques années, cependant, alors que des travaux de restauration s'avéraient essentiels, la fondation Macdonald-Stewart en fit l'acquisition et la transforma en musée. Non seulement s'agit-il d'un monument historique de toute première importance pour nous, mais en dehors de la maison natale de Vasco de Gama, qui découvrit la route des Indes par le cap de Bonne-Espérance (1497), ce serait le seul bâtiment rappelant l'un des grands découvreurs du XVIe siècle.
Après sa troisième expédition au Canada, c'est surtout ici que vécut Cartier, mettant de l'ordre dans ses cartes, y rédigeant son *Brief récit et succincte narration de la nauigation faicte es ysles de Canada...*, compte rendu de son deuxième voyage, paru en 1545, donc de son vivant. C'est sous ce toit qu'il reçut probablement Sébastien Cabot, qui devait découvrir la côte occidentale de l'Amérique du Sud, le cosmographe André Thevet, et, peut-être, Rabelais.

Les dernières années de Cartier furent pénibles. En dépit des subsides reçus, son troisième voyage s'était soldé par d'importantes pertes personnelles, et ce revers de fortune s'accompagna d'un complet discrédit à la cour. Au cours de l'été 1557, la peste s'abat une fois de plus sur Saint-Malo. Cartier décède le 1er septembre et sa mémoire sombre dans l'oubli. C'est seulement au XIXe siècle qu'on allait mesurer l'importance de ses expéditions et redécouvrir... le découvreur.

Nous avons signalé la présence d'une flèche qui, près du portail, indique la direction de ROTHÉNEUF. C'est un lieu-dit de la commune de Paramé, situé à l'est de la gentilhommière de Cartier. Sur une petite chapelle se lit une inscription :

> Ici
> a prié
> · Jacques CARTIER
> 1534-1934

Cette plaque date du quatrième centenaire de la prise de possession du Canada. Non seulement le capitaine malouin s'y serait-il agenouillé, mais il y aurait puisé l'eau douce nécessaire à son premier voyage.

* * *

De Saint-Malo, revenons à Saint-Servan-sur-Mer et repassons la Rance sur le barrage de l'usine marémotrice, pour reprendre, sur la droite, la D 266. Nous entrons dans Dinard, une station balnéaire réputée, située en face de Saint-Malo : sa grande plage, son casino, sa belle promenade en bordure de mer retiennent les visiteurs.

De Dinard, la D 786 conduit à la commune voisine de SAINT-LUNAIRE. Dans la vieille église existe toujours le tombeau des Pontbriant. On y trouve l'enfeu de Colin de Pontbriant, petit-fils du croisé Alain de Pontbriant et compagnon d'armes de Du Guesclin. L'un de ses descendants, François, devait être chargé de la construction du château de Chambord. Mais il y a une raison fort particulière pour laquelle nous nous arrêtons ici. François avait un frère, Pierre, qui fut gouverneur du comté d'Angoulême, et dont le fils Claude, un échanson de François Ier, accompagnait Jacques Cartier lors de son deuxième voyage et se trouvait à ses côtés, sur le mont Royal, le 3 octobre 1535.

Bien que modeste, la vieille église de Saint-Lunaire est l'un des plus beaux monuments que l'art roman ait légués à la région. La nef date du XIe siècle. Quatre marches extérieures et cinq intérieures donnent accès au sanctuaire. Le transept forme deux chapelles, dont celle des Pontbriant, côté nord, où se trouvent quatre gisants. Deux de ceux-ci reposent sous des arcades : l'un représente une femme dont les pieds s'appuient sur un lévrier ; quant à l'autre, c'est un chevalier, tête nue, portant sur son armure une cotte d'armes en forme de dalmatique ; deux anges tiennent un coussin sous sa tête et un chien est couché à ses pieds. Ces tombeaux semblent dater du XIVe siècle.

Mais le monument le plus remarquable est sans doute le tombeau de saint Lunaire. Il se compose d'un sarcophage gallo-romain en granit surmonté d'une statue du saint revêtu de ses ornements épiscopaux ; la main droite serre une crosse pontificale dont l'extrémité s'enfonce dans la gueule d'un monstre.

Cette église étant devenue trop petite pour une population qui se gonflait pendant la belle saison, on en construisit une nouvelle en 1884 ; fort heureusement, l'aïeule fut conservée ; l'occupation allemande en fit un dépôt de fourrage, mais une restauration fort judicieuse la rendit au culte en 1954.

Le recteur de la paroisse est un homme fort obligeant. Pour visiter l'église, il suffit de frapper à la porte du presbytère. C'est un sourire empressé qui vous accueille.

Après les croisades, les Pontbriant firent souche dans le Périgord, où leur château existe toujours, le château de Montréal ! Le compagnon de Cartier fut seigneur de ce Montréal, et on le désignait déjà à ce moment-là comme Claude de Pontbriant, dit Montréal. Il est logique de croire que la métropole du Québec lui doit son nom.

Quant aux Pontbriant, ils descendent d'une autre branche de la famille : Julien du Breil de Pontbriant entreprit la construction d'un château qu'il nomma le Grand Pontbriand, et c'est ainsi que se modifia l'orthographe du nom. Ce Julien du Breil fut l'ancêtre direct du sixième évêque de la Nouvelle-France, que nous avons mentionné précédemment.

Saint-Lunaire, l'église des Pontbriant.

Quittons Saint-Lunaire par la D 786, qui s'incurve à partir de Trégon pour épouser sensiblement la ligne de la côte, à 3 ou 4 km à l'intérieur, mais qui touche ici et là à la mer. La distance jusqu'à SAINT-BRIEUC est de 75 km. Cette vieille ville a conservé son aspect typiquement breton, parfois archaïque ; sa cathédrale Saint-Étienne est une église-forteresse dont les tours sont percées de meurtrières.

Reprenons la D 786 : elle remonte la côte vers le nord-ouest et, après avoir touché la mer à Binic et à Saint-Quay-Portrieux, atteint PAIMPOL (46 km), un agréable port de pêche blotti au fond d'une vaste baie.

Si nous nous y arrêtons, c'est que Paimpol est la patrie de Théodore Botrel. Une stèle a été érigée à sa mémoire dans un petit parc qui porte son nom, au pied de la Vieille Tour, ancien clocher de l'église.

Le barde Breton, nous l'avons rappelé précédemment, est venu à Montréal à la mi-avril 1903 pour y recueillir des fonds en vue de l'érection de la statue de Jacques Cartier qui, deux

Paimpol garde le souvenir du barde Théodore Botrel.

ans plus tard, fut inaugurée sur les remparts de Saint-Malo. Sa visite a constitué un événement de si grande importance que le journal *La Presse* lui consacra toute la première page de son édition du 21 mars. On a longtemps fredonné, dans nos chaumières, sa légendaire *Paimpolaise*, «qui attend son homme au pays breton».

À Paimpol, c'est encore la D 786 que nous emprunterons jusqu'à MORLAIX, via Lannion, une distance de 70 km. Juste avant d'atteindre Morlaix, la route effleure un petit bourg, PLOUJEAN, que l'on atteint sur la droite par le C 3: c'est la patrie de l'ancêtre des Riou et Rioux du Québec. Ici, en 1652, l'eau régénératrice coula sur le front de Jean Rochiou, ou Riou, qui allait devenir propriétaire de la seigneurie des Trois-Pistoles en 1696. La vieille église de Ploujean existe toujours.

Morlaix, comme toutes les villes bretonnes, possède un intéressant patrimoine. Ses demeures anciennes, sa maison dite de la duchesse Anne, ornée de statues de saints et de grotesques (XIVe s.), et sa pittoresque Grande-Rue retiennent l'attention.

Notre prochaine étape sera Brest, dont la rade est l'une des plus belles du monde. La route la plus directe est la N 12, qui passe par Landivisiau (18 km). À 24 km au-delà de cette ville se détache sur la droite la D 59, qui, en 7,50 km, conduit à PLABENNEC.

Cette commune n'offre pas d'attrait particulier au point de vue touristique, mais si nous vous proposons d'y faire une courte halte, c'est qu'ici, en 1805, est décédé un marin né à Louisbourg en 1738 et qui connut une belle carrière depuis le moment où il s'embarqua comme pilotin, sous les ordres de son père, à l'âge de 11 ans. Jean-Amable Lelarge fut fait chevalier de Saint-Louis en 1776, obtint le grade de contre-amiral en prenant le commandement des armes à Rochefort en 1793, dirigea ensuite une escadre, puis fut promu vice-amiral en 1796. Il commanda l'armée navale à Brest avant de prendre sa retraite en 1801. Son acte de décès figure toujours dans les registres de l'état civil conservés à la mairie de Plabennec.

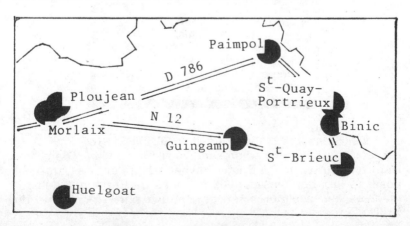

BREST

Depuis Plabennec, la D 788 se termine à BREST (10 km), le plus important port de guerre de la France. La ville a été lourdement pilonnée en 1944 et elle a ainsi perdu ses anciens quartiers. Par ailleurs, son château, puissant ouvrage fortifié dont la construction s'est échelonnée depuis le XIIe jusqu'au XVIe siècle, a survécu aux bombardements et domine toujours la ville et le port.

Brest a été le point de départ de beaucoup de navires pour le Canada. En 1755, par exemple, une flotte de 18 voiliers y appareillait pour Québec sous le commandement du comte Dubois de La Mothe, portant 3 000 hommes de troupe destinés à renforcer la colonie. On avait confié ce petit corps d'armée au baron de Dieskau, maréchal de camp et gouverneur de Brest. Mais — tonnerre de Brest! — il se fit bêtement prendre par les Anglais dans les parages du lac George.

L'année suivante (1756), en mars, c'est de Brest que fait voile le marquis de Montcalm, qui, avec le grade, lui aussi, de maréchal de camp, s'était vu confier à son tour le commandement des troupes françaises en Amérique septentrionale.

Enfin, mentionnons qu'un siècle plus tard (1855) c'est également de la rade de Brest que sortit *La Capricieuse*, premier voilier battant pavillon français à remonter le Saint-Laurent jusqu'à Québec depuis la capitulation de la Nouvelle-France.

Mais ne quittons pas Brest sans rendre hommage à l'auteur de *Maria Chapdelaine*. En 1980, alors qu'à Péribonka, sur les bords du lac Saint-Jean, on marquait le centenaire de sa naissance, on dévoilait une plaque à sa mémoire dans sa ville natale, au numéro 4 de la rue Voltaire :

> À cet emplacement
> s'élevait la maison
> où naquit le 12 octobre 1880
> Louis HÉMON
> auteur de « Maria CHAPDELAINE »
> décédé au Canada, le 8 juillet 1913

De Brest, la N 165 conduit à QUIMPER (66 km). À la hauteur de Châteaulin se présente la N 164 ; en la prenant vers l'est, on peut visiter, à 5 km, Pleyben, dont l'enclos paroissial possède l'un des plus curieux calvaires de Bretagne ; l'étagement de ses sculptures repose sur une porte triomphale du XVIIe siècle.

« Kerdého », château du comte de Bougainville.

La cathédrale de Quimper, de style gothique breton, date des XIIIe et XVIe siècles et possède de remarquables vitraux du XVe siècle. Ici, rue de Douarnenez, vit la fille de Louis Hémon, Lydia, qui mène une existence retirée au milieu de souvenirs de sa famille.

De Quimper, la N 165, direction sud-est, s'oriente vers Quimperlé (40 km). Ici s'amorce la D 22, par laquelle on atteint notre prochaine étape, PLOUAY. Nous sommes dans le Morbihan, et ici se trouve le château de Kerdého, où vécut l'une des plus prestigieuses personnalités de son époque, Louis Antoine de Bougainville.

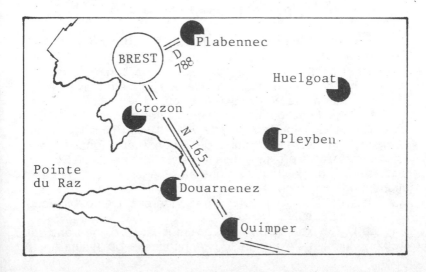

Après avoir fait toute la guerre du Canada et s'être illustré à bord de *La Boudeuse* en effectuant le premier voyage de circumnavigation réussi par un Français, le comte de Bougainville devint propriétaire de ce château, qui appartient toujours à la famille. Le célèbre navigateur et son épouse, la belle Marie-Joséphine Flore de Longchamp-Montendre, y sont toujours présents par deux grands portraits qui ornent le salon. Nous avons déjà évoqué le souvenir de ce couple à la faveur de notre périple en Normandie. Le nom du comte a été donné, on le sait, à une plante ornementale aux larges bractées d'un rouge violacé originaire d'Amérique, la bougainvillée.

La comtesse de Bougainville et ses trois fils.

Juste avant d'entrer dans Plouay, on a franchi la D 769. Empruntons-la vers le sud jusqu'à Hennebont (16 km) ; nous sommes près de la grande base navale de Lorient, logée au fond d'une vaste rade ; le centre de la ville a été pulvérisé par les bombardements entre 1940 et 1945.

À Hennebont, continuons vers le sud par la D 9 sur 15 km ; elle donne alors dans la D 781 ; 12 km plus loin, nous atteignons la petite commune de Plouharnel. Signalons que nous sommes ici à proximité des fameux alignements de Carnac, un ensemble mégalithique unique au monde. Au total, les trois alignements comptent près de 3 000 menhirs !

Depuis Plouharnel, nous vous suggérons une double destination : QUIBERON et BELLE-ÎLE.

La D 768, venant d'Auray, passe ici et se dirige franc sud (15 km) jusqu'à l'extrémité de la péninsule de Quiberon. À

Quiberon même, une statue domine la mer : celle du général Hoche, « l'une des figures les plus pures de la Révolution », écrivent ses biographes. Tout auprès, un cairn rappelle un jour plein de tristesse :

> ICI
> LE 21 JUILLET 1795
> LES ÉMIGRÉS
> SE RENDIRENT AU
> GÉNÉRAL HOCHE

Ces « émigrés », des Français, étaient au nombre de 100 000, et ils s'étaient réfugiés hors de France sous la Révolution, espérant qu'un jour ils pourraient rentrer dans leur pays en contre-révolutionnaires victorieux. Beaucoup d'entre eux attendirent en Angleterre le jour du retour, comptant sur l'appui des Chouans. C'est au nombre de 10 000 qu'ils tentèrent de débarquer à Quiberon, pendant trois semaines, vague après vague. Les Chouans étaient au rendez-vous. Parmi les officiers que l'on passa par les armes figuraient deux arrière-petits-fils de Pierre Le Moyne d'Iberville. Nous y reviendrons plus loin, à Vannes.

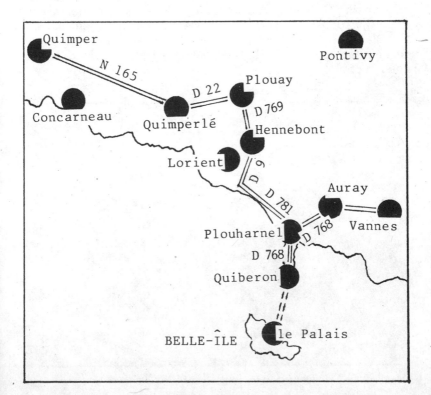

BELLE-ÎLE

Pour l'instant, visitons la plus grande île bretonne, car elle occupe une place toute particulière dans le cœur des Acadiens. Une telle excursion constitue une bienfaisante pause dans ce périple québécois, car ce domaine insulaire ne mesure que 17 km de longueur, et sa largeur varie de 5 à 9 km, de sorte qu'on ne risque pas d'«avaler» de longues distances au volant, et les passeurs qui assurent la liaison entre Quiberon et le Palais, chef-lieu du canton de Belle-île-en-Mer, sont confortables. S'il ne s'agit pas du *Guerveur*, ce sera peut-être... *L'Acadie*. C'est qu'ici se sont fixées 78 familles acadiennes chassées par le «grand dérangement».

À part le Palais, Belle-Île ne compte que trois communes : LOCMARIA, BANGOR et SAUZON. Chacune, cependant, s'entoure de nombreux lieux-dits. Nous ferons le tour de l'île dans le sens des aiguilles d'une horloge.

C'est sous les murs d'une citadelle que le passeur atteint le Palais : Vauban avait voulu faire de Belle-Île la première place forte de Bretagne. Dans les environs du Palais, deux lieux-dits retiennent l'attention. Tout d'abord, KERVAU, où une maison porte l'inscription «1766 J.L.B.» Ces lettres évoquent Joseph Le Blanc. Celles des demeures acadiennes que nous avons examinées et qui portent un millésime arborent toujours le même : 1766.

Ce passeur au nom évocateur vous conduit vers une terre «acadienne».

La maison Melanson, au Grand-Cosquet, entre Locmaria et Bangor.

La maison Le Blanc est la seule qui ait un étage. Joseph Le Blanc avait été un Acadien fort prospère à Grand-Pré. Il s'occupait de commerce et d'élevage. Mais en 1746 il avait fourni 80 bœufs et 150 moutons aux équipages de l'escadre du duc d'Anville, qui souhaitait reconquérir l'Acadie. La maison est de schiste crépi ; ses baies sont à linteaux de bois, et son toit, à chevrons débordants. La charpente est à trois fermes, la centrale à faux entrait, poinçon et contrefiches ; elle est garnie de deux cheminées, ce qui traduit sans doute la situation relativement aisée de la famille.

ANDESTROL, toujours à proximité du Palais, compte la maison de Jean-Baptiste Granger, né en 1729 à Rivière-aux-Canards ; étonnant caprice de la filiation, il était un descendant de Laurent Granger, originaire de Plymouth, Angleterre, arrivé en Acadie sur l'un des vaisseaux de Thomas Temple, qui avait acheté une partie des biens de Charles de Saint-Étienne de La Tour.

Du Palais, serrons la côte de près vers le sud-est, vers LOCMARIA. Peu avant d'arriver à cette commune, au lieu-dit de Borménahic, les fervents de l'histoire acadienne de Belle-Île vous montreront volontiers un alignement qui comprend la maison de J.-B. Trahan, chassé de Pisiguit (aujourd'hui Windsor, Nouvelle-Écosse), descendant d'un pionnier de Port-Royal, Guillaume Trahan, originaire de Bourgueil, sur les bords de la Loire. Et, non loin, les initiés vous conduiront à une source dont la végétation a envahi les abords : la Fontaine des Acadiens.

Quant à l'église de Locmaria, que les Acadiens fréquentaient sans doute assidûment, elle est chargée d'histoire ; elle porte trois millésimes correspondant à des travaux d'agrandissement et de restauration, le plus ancien étant 1694 ; or, certains

auteurs mentionnent qu'elle figure au nécrologue de Quimperlé,
en l'an 1070 !

Après Locmaria, remontons le long de la côte ouest, vers
BANGOR. Peu avant d'atteindre cette commune se présente le
lieu-dit du GRAND-COSQUET, où une maison arbore l'inscription « 1766 C.P.E.M. ». C'était celle de l'un des frères Melanson,
de Grand-Pré ; elle a été restaurée avec goût.

Dans le voisinage de Bangor, notons trois lieux-dits. À
KÉROURDÉ s'était fixé Charles Le Blanc, frère de Joseph ; sa
maison est toujours là et son carré est demeuré le même, mais
on a percé son toit de puits de lumière. À CALASTREN, voici
une autre inscription : « 1766 Pierre Traon » ; c'était la maison
de Pierre Trahan, le frère de Jean-Baptiste, qui s'était fixé à
Borménahic ; elle fait partie d'un alignement de trois demeures,
les deux autres ayant abrité les familles Duon et Ancoin. Enfin,
à BORTHÉMONT, on trouve la maison Terriot, rappelant Jean
Terriot, né à Rivière-aux-Canards en 1741. Non loin de là, à
un carrefour, une modeste croix de ciment en remplace quelques
autres, faites de bois, qui ont été successivement érigées,
d'abord par les Acadiens puis par leurs descendants. En milieu
insulaire, c'est connu, le « sémaphore » des communications
orales fonctionne bien : au moment où l'auteur de ces lignes
passait devant cette croix, un drapeau tricolore piqué d'une

Belliloise, descendante d'Acadiens,
près de la maison ancestrale, à Borthémont.

Ce drapeau acadien flottant à un carrefour rappelle aux Bellilois
que beaucoup d'entre eux ont du sang acadien dans les veines.

étoile d'or y flottait ; on avait su qu'un « cousin » québécois
parcourait l'île en compagnie d'un historien. Les Acadiens ont
été aussi prolifiques ici qu'en Acadie et au Québec : une étude
récente révèle que presque toute la population belliloise a du
sang acadien dans les veines !

Curieux retour des choses : les Acadiens avaient été chassés de leurs terres par les Anglais. Or, ceux-ci occupèrent
Belle-Île jusqu'au traité de Paris (1763) ; les Acadiens les y ont
pour ainsi dire « remplacés » trois ans plus tard !

Ici se termine notre « pèlerinage » historique, mais nous
n'avons visité que la partie sud de l'île : terminons-en le tour
afin de voir le grand phare, haut de plus de 50 mètres, qui garde
la côte, à l'ouest ; la pointe des Poulains, à l'extrémité nord,
un ensemble de retranchements et de batteries, dont le fort
Sarah-Bernhardt (ainsi appelé parce que la célèbre comédienne
l'avait acheté) ; et, sur la voie du retour, l'agréable port de pêche
de Sauzon, où l'on vend toujours le poisson à la criée.

Belle-Île conquiert chaque année un peu plus les vacan-
ciers. Sa population permanente est d'environ 5 000 citoyens,
mais la surcharge saisonnière due au tourisme y amène quelque
20 000 estivants ou visiteurs.

Reprenons le passeur au Palais, et, à Quiberon, renouons avec la D 768 : nous n'avons d'autre choix car la péninsule n'est desservie que par cette seule route. À Plouharnel, demeurons sur la D 768 : en 15 km, vous atteindrez AURAY, une petite ville ancienne dont le quartier Saint-Goustan a jalousement conservé son aspect d'autrefois avec ses maisons du XVe siècle et son église du XVIe, qui ont été témoins d'un événement important dans l'histoire de la Nouvelle-France.

En 1629, les frères Kirke étaient entrés dans Québec sans coup férir. Ils ignoraient cependant que la paix venait d'être signée entre la France et l'Angleterre, ce qui rendait leur « conquête » caduque. Il fallut trois ans à Charles Ier pour rendre la colonie à... son beau-frère Louis XIII, par le traité de Saint-Germain-en-Laye, signé en 1632. Le bon roi de France avait négligé d'effectuer le dernier versement de la dot de sa sœur Henriette Marie, qui avait épousé Charles Ier en 1625. Comme quoi un petit oubli peut avoir de graves conséquences !

En 1632, donc, Louis XIII confia à l'un de ses plus fidèles et de ses plus prestigieux sujets, Isaac de Razilly, le soin d'aller

Auray a conservé beaucoup de ses maisons datant du XVe siècle.

reprendre possession de la Nouvelle-France. Ce que l'on sait
moins, c'est que cette nouvelle s'avéra si importante que Théo-
phraste Renaudot, le premier des journalistes de France, y fit
écho dans sa célèbre *Gazette*.

Or, sa « dépêche » est justement datée d'Auray, du 16 juillet
1632, car c'est de là que Razilly fit voile. Ouvrons une petite
parenthèse : Renaudot en profite pour signaler à l'attention de
ses lecteurs que le roi a adopté à l'égard de sa colonie d'Amérique une politique « bien éloignée de celle qui a été pratiquée
jusqu'à présent en la découverte des Indes, où l'on s'est
contenté de butiner et captiver les peuples ».

Notre prochaine étape sera VANNES, située au fond du
golfe du Morbihan. Depuis Auray, la N 165 y conduit (18 km).
C'est une ville riche en souvenirs et qui a conservé ses anciens
remparts, jalonnés de deux tours datant du XIVᵉ siècle ; ses
vieilles rues courent entre des maisons à colombage dont les
encorbellements se rejoignent presque, parfois, au-dessus des
passants. La chapelle du Saint-Sacrement de sa cathédrale
Saint-Pierre abrite le tombeau de saint Vincent Ferrier, qui décéda ici en 1419.

C'est à Vannes qu'est né Mgr Henri-Marie du Breil de
Pontbriand, sixième évêque de Québec, dont nous avons évoqué
la mémoire en passant par Dinan et Pleurtuit. C'est également

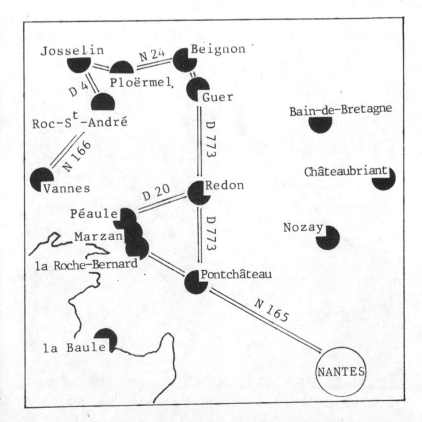

à proximité de la ville que furent exécutés les deux arrière-petits-fils de Pierre Le Moyne d'Iberville après la tragique tentative de retour des « émigrés » à Quiberon. Michel Henri et Louis Froger, demeurés fidèles à la monarchie, avaient cru pouvoir rentrer en France avec l'appui des Chouans. Au total, 711 « émigrés » tombèrent sous les balles des pelotons d'exécution, dont l'évêque de Dol. La Convention leur refusa toute grâce. Michel Henri Froger avait à son crédit une belle carrière dans la marine de guerre, soit dix campagnes, et il avait participé, à bord du *Triomphant*, au combat livré par le comte de Grasse aux Antilles. Son frère Louis, major général d'escadre, avait participé à sept combats navals de même qu'à la guerre de l'Indépendance américaine, ce qui lui avait valu d'être membre de la prestigieuse association militaire de Cincinnatus. De tels états de service ne leur méritèrent aucune clémence.

Dès 1635, Vannes eut son Hôtel-Dieu, établi par celui de Dieppe, et cet hôpital donna à celui de Québec une religieuse, Jeanne Thomas de Sainte-Agnès, qui fut à deux reprises supérieure des sœurs hospitalières de la Nouvelle-France.

Notre dernière étape sera Nantes, où la N 165 peut nous conduire directement depuis Vannes (100 km). Mais, avant de reprendre cette route, nous vous proposons un autre détour vers Josselin et Ploërmel.

Depuis Vannes, la N 166 se dirige vers le nord-est. En 36 km, via Elven, on atteint la commune de Roc-Saint-André, d'où la D 4, en 16 km, conduit à JOSSELIN, qui s'enorgueillit

Le château de Josselin, l'un des plus beaux de Bretagne.

Josselin possède toujours l'hôpital
que la mère de Mgr de Pontbriand fit bâtir grâce à sa fortune.

de posséder l'un des plus beaux châteaux de Bretagne, et peut-être le plus chargé d'histoire. Derrière le rempart extérieur (XIVe s.), que dominent trois tours, se présente le manoir érigé à la fin du XVe siècle par Jean II de Rohan et dont la façade est de style flamboyant. L'un des pavillons abrite un musée du costume.

Dans le bourg, l'église romane et gothique de Notre-Dame-du-Roncier contient le cénotaphe en marbre noir d'Olivier de Clisson, grand homme de guerre décédé en 1407 au château de Josselin, et de Marguerite de Rohan ; il est orné de statues de marbre blanc qu'abrite un dais sculpté. Chaque année, le 8 septembre, s'y tient un pardon qui réunit jusqu'à 20 000 pèlerins. Mais Josselin a un titre particulier à l'attention des Québécois. C'est ici, en effet, que reposent les restes de la mère de Mgr du Breil de Pontbriand.

Joseph-Yves du Breil, comte de Pontbriand, n'avait pas encore 40 ans quand il décéda en 1710, laissant une veuve aussi dévote que riche, qui passa le reste de son existence au service des malades et des indigents. Au château familial, dont nous avons précédemment signalé l'existence à toute proximité de Pleurtuit, elle ne dormait plus que sur une natte dans la chambre la plus malsaine, portant haire et cilice armé de pointes acérées. En 1730, les habitants de Josselin la persuadèrent, par l'intermédiaire d'une parente, d'y prendre la direction d'un hôpital, qu'elle jugea insalubre et fit remplacer par un nouveau, y consacrant toutes ses ressources. On voit encore son modeste tombeau dans la chapelle du bâtiment.

À Josselin passe la N 24 ; en l'empruntant vers l'est, on atteint, en 10 km, Ploërmel, une petite ville ancienne dont l'église Saint-Armel se distingue par un portail gothique flamboyant percé de deux portes géminées ; elle abrite les tombeaux des ducs Jean II et Jean III de Bretagne, avec statues funéraires ; tout près de l'église, rue Beaumanoir, voir la maison des Marmousets, décorée de sculptures sur bois du XVIᵉ siècle.

À 20 km à l'est de Ploërmel, toujours par la N 24, on atteint, un peu au-delà de Beignon, la D 773, qui descend franc sud jusqu'à Redon (44 km) : c'est, dit-on, la capitale mondiale du briquet à gaz, ce qui n'a heureusement pas incendié les maisons anciennes, datant des XVᵉ et XVIᵉ siècles, qui bordent sa Grande-Rue.

Ici, un choix se pose. On peut continuer sur la D 773 jusqu'à Pontchâteau (28 km), pour y emprunter la N 165 (40 km) jusqu'à Nantes.

Vous intéressez-vous de façon particulière à la famille du Breil de Pontbriand ? Dans ce cas, peut-être voudrez-vous faire un crochet par Marzan. Tout de suite au sud-ouest de Redon, par la D 775, débute la D 20, qui, en 25 km, atteint Péaule, d'où la D 774 conduit à MARZAN (9 km). Ici existe toujours le château de la branche des du Breil de Pontbriand-Marzan.

En atteignant l'église, prendre le chemin qui se présente sur la gauche. On arrive ainsi au calvaire de la commune, qui est aux armes de la famille. À droite du calvaire débute un chemin sans issue. Tout au bout, à 1,50 km, il débouche sur une allée plantée de grands arbres : c'est celle du château. Ce dernier a été brûlé en partie au cours de la guerre, mais on l'a restauré par la suite. Il a depuis été abandonné et l'est toujours. Cependant, les frontons des communs sont aux armes de la famille. Marzan n'est qu'à 3 km de La Roche-Bernard, d'où la N 165 conduit à Nantes en 59 km.

Le château de Marzan, de la branche des Du Breil de Pontbriand-Marzan.

NANTES

Quel Québécois, dans sa jeunesse, n'a pas fredonné...

> *Dans les prisons de Nantes*
> *Lui ya-t-un prisonnier...*

... que nos « voyageurs » d'autrefois chantaient en canot, chaque coup d'aviron marquant le premier temps d'une mesure ?

Peu après notre entrée en Bretagne, nous avons rappelé une autre de nos chansons populaires :

> *À Saint-Malo, beau port de mer,*
> *Trois gros navires sont arrivés...*

Or, Ernest Gagnon nous dit qu'il en existait une variante :

> *À Nantes, à Nantes sont arrivés*
> *Trois beaux navires chargés de bled...*

Au moment de visiter Nantes, ancienne capitale des ducs de Bretagne, alors que nous nous apprêtons à quitter cette vieille province dont tant de fils, tout comme la Normandie, ont contribué à la fondation et à l'essor de la Nouvelle-France, n'est-il pas significatif qu'une même mélodie présente les deux parenthèses de cet itinéraire historico-touristique ?

Les célèbres prisons de Nantes étaient coiffées du beau château des ducs de Bretagne. Le marquis de La Roche, futur lieutenant général du roi au Canada, eut l'occasion d'y méditer.

Nantes possède tant de monuments qu'une simple énumération dépasserait le cadre et l'objectif de ce guide. Le plus important est sans doute son château ducal, gothique et Renaissance, construit dans la seconde moitié du XVe siècle. Ancienne résidence des ducs de Bretagne, il abrite de riches collections : musée d'Art populaire régional, musée des Arts décoratifs, musée de la Marine.

La cathédrale Saint-Pierre-Saint-Paul, pour sa part, possède en son transept le tombeau monumental de François II de Bretagne : c'est l'une des œuvres capitales de la sculpture française, que l'on doit au ciseau de Michel Colombe. Le célèbre général de Lamoricière, qui, après une brillante carrière militaire, passa au service du pape et réorganisa les troupes pontificales, était un fils de Nantes ; il a aussi son tombeau dans la cathédrale. Plusieurs zouaves du Québec ont combattu sous ses couleurs.

Nantes possède son quartier médiéval, qui se déploie autour de l'église Sainte-Croix et qui compte de nombreuses maisons des XVe et XVIe siècles.

Avant de se jeter dans l'Atlantique à Saint-Nazaire, la Loire caresse la ville, et le complexe Nantes–Saint-Nazaire figure au cinquième rang des ports français.

Ici, Henri IV signa l'historique édit de Nantes, qui fixait le statut des protestants et leur accordait des concessions considérables, dont la liberté de conscience et celle du culte.

Enfin, Nantes s'enorgueillit de parcs élégants, et, comme Jules Verne était nantais, l'un d'eux s'orne d'un buste de celui que l'on considère comme l'initiateur du roman d'anticipation scientifique. C'était un ami inconditionnel du Québec. En 1889, il signait *Famille sans nom*, dont l'action se passe chez nous. L'intrigue évoque l'insurrection de 1837 et débute dans l'île Jésus, où son héros possède une villa dans une « bourgade » à laquelle il donne le nom de Laval. Autre exemple de sa faculté d'anticipation ? Cette « bourgade » se situe de nos jours au deuxième rang des villes du Québec. Mais si la plupart des découvertes et des inventions qu'imagina ce visionnaire se sont réalisées et ont souvent été dépassées, l'une de ses prédictions, hélas, a peu de chances de connaître la même faveur : en 1896, Jules Verne écrivait à un explorateur que les Canadiens de langue française, cent ans plus tard, seraient quarante millions dans un Canada de cent millions d'habitants ! Il reste fort peu de temps pour relever le défi ! Nantes maintient un musée qui lui est consacré.

Signalons que l'une des fondatrices de l'Hôtel-Dieu de Montréal, Catherine Macé, avait vu le jour à Nantes ; elle était l'une des trois hospitalières envoyées à Ville-Marie en 1659 pour jeter les bases de l'hôpital dont Jeanne Mance avait été l'initiatrice. C'est dans les prisons de Nantes également que le marquis de La Roche, ci-devant gouverneur de Fougères et futur lieutenant général du roi au Canada, vint méditer sur les conséquences de sa résistance à la Ligue.

Grâce aux Moulins nantais, la région du lac Mégantic est présente
en deux vitraux de l'église Notre-Dame-de-Toutes-Joies, à Nantes.

Ce que l'on connaît moins, c'est la fondation à Nantes,
en 1880, de la Société de Colonisation des Cantons de l'Est
par des citoyens de cette ville, à la suggestion d'un avocat de
Sherbrooke. L'année suivante naissait au Québec la Compagnie
de Colonisation et de Crédit foncier des Cantons de l'Est, avec
un fonds social autorisé de 200 000 dollars, pour la mise en
valeur de terres. L'entreprise acheta 7 000 hectares de boisés
dans la région du lac Mégantic, et bientôt sa scierie, les Moulins
Nantais, débitait six millions de pieds de bois par année. L'un
des trois frères Bécigneul, animateurs de l'industrie, ouvrit même
une fromagerie et confia à un petit vapeur, *La Bretagne*, la tâche
de recueillir le lait des producteurs échelonnés sur les bords
du lac. En 1887 seulement, 67 Nantais arrivaient à Sherbrooke !
Les frères Bécigneul prirent une part active dans le développe-
ment de la région ; l'un d'eux fut maire de Mégantic pendant
plusieurs années.

Deux intéressantes excursions s'offrent depuis Nantes. La
première nous conduit sur les bords de l'Erdre, à CASSON, la
petite patrie du sulpicien François Dollier de Casson, qui em-
brassa le sacerdoce après avoir été capitaine de cavalerie sous
les ordres du maréchal de Turenne. La D 69 jusqu'à Sucé-sur-
Erdre puis la D 37 conduisent à Casson, soit une vingtaine de
kilomètres. C'est au château que naquit, en 1636, ce personnage
qui joua un important rôle dans l'île de Montréal. Il fut le seigneur
de celle-ci en sa qualité de supérieur des sulpiciens en Nouvelle-
France pendant vingt-cinq ans. On lui doit une *Histoire du
Montréal* dont le manuscrit fut retrouvé à Paris en 1844 ; c'est
Louis-Joseph Papineau qui en apporta une copie en rentrant

Les communs du château, à Casson, datent tout probablement
de l'époque du sulpicien Dollier de Casson.

d'exil. C'est l'œuvre d'un fin observateur qui ne dédaignait pas
l'anecdote, même osée, pour soutenir l'intérêt. Il avait vingt-trois
années de carrière militaire au moment d'embrasser le sacerdoce.

L'actuel château date du XVIIIᵉ siècle, mais les communs
sont très probablement de l'époque de l'ancien. Il existe une
place Dollier-de-Casson à Saint-Joseph-de-la-Porterie, une ancienne petite commune maintenant intégrée à la ville de Nantes.

La commune du PALLET est située sur la N 149, qui
débute en face de Nantes, dès que l'on a traversé l'île Beaulieu,
laquelle divise la Loire en deux bras. Distance : 21 km.

Ici, au milieu d'un vignoble, se dressent d'importants vestiges, ceux du château de la famille Barrin de La Galissonnière,

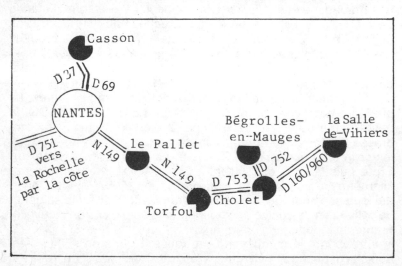

Vestiges du château de La Galissonnière, au Pallet.

dont l'un des membres les plus prestigieux fut gouverneur de
la Nouvelle-France. Érigé en marquisat en 1658, le domaine
s'étendit bientôt à quatorze paroisses. Au pied d'une tour coule
la Nantaise, ainsi qu'en témoignent les arches d'un ponceau ;
au sommet, une pierre sur laquelle se déployaient sans doute
jadis les ailes des trois papillons d'or de l'écu familial, mais on
ne peut maintenant en apercevoir que quelques reliefs. En l'an
1700, le marquisat fut partagé entre trois frères dont l'un, Roland
Barrin de La Galissonnière, lieutenant général des armées navales, était le père d'un garçonnet de 7 ans, Rolland-Michel,
notre futur gouverneur, dont nous reparlerons en passant par
Rochefort.

La réputation des produits de Sèvre et Maine n'est plus à
faire. Or, l'un des mieux connus, justement, provient des terres
de la famille Barrin et arbore fièrement le nom de Château de

La Galissonnière. N'est-ce pas une fort aimable façon de perpétuer le souvenir d'une noble famille ?

Puisque nous sommes à deux pas de l'Anjou, comment ne pas suggérer une autre excursion, à BÉGROLLES-EN-MAUGES ?

Du Pallet, la N 149, si l'on poursuit vers le sud-est, conduit à Torfout (23 km). Dès après cette commune se présente la D 753 ; empruntons-la sur la gauche, c'est-à-dire vers l'est, jusqu'aux abords de Cholet. Juste avant d'entrer dans cette commune, tournons à gauche sur la D 752. En 10 km, nous atteignons Bégrolles-en-Mauges, où se trouve l'abbaye bénédictine de Bellefontaine, fondée au XIe siècle. Or, ce sont des moines de cette maison qui, en 1881, créèrent la trappe d'Oka, au Québec.

Le sulpicien Victor Rousselot, curé de Notre-Dame de Montréal, souhaitait établir des cisterciens au Québec. Lui-même né à Cholet, il avait un frère à l'abbaye de Bellefontaine, et, à l'occasion de voyages en France, il avait fait part de son projet au père abbé, mais celui-ci hésitait.

En 1880, le gouvernement français décrétait l'expulsion des religieux. Soldats et gendarmes chassèrent les moines et se chargèrent pendant cinq semaines des travaux de la ferme, mais ils s'en lassèrent et les religieux rentrèrent. Le père abbé jugea alors que le Canada pouvait constituer un refuge éventuel, et c'est à bord du *Canada* qu'il traversa l'Atlantique pour rencontrer l'évêque de Montréal, Mgr Édouard Fabre. On connaît le reste : en mai 1881, les sulpiciens concédaient aux cisterciens 1 000 acres de terre à prendre à même leur seigneurie du lac des Deux-Montagnes. La trappe d'Oka était née.

Aspect de l'abbaye de Bellefontaine, à Bégrolles-en-Mauges.
Nous devons à ses moines notre Trappe d'Oka.

De nos jours, Bellefontaine compte une soixantaine de moines, et la «belle fontaine» qui lui a donné son nom jaillit toujours, intarissable et fraîche, au chevet de la chapelle rustique élevée il y a un millénaire et rebâtie il y a plus d'un siècle et demi.

Mais de cette région angevine ne vinrent pas que les moines de Bellefontaine. Revenons à Cholet et poursuivons notre périple par la N 160 jusqu'à Nuaillé (7,50 km), où débute la D 960. Après 12 km, on atteint Coron. Empruntons-y, sur la gauche, la D 171. En 3,50 km, nous voici à LA SALLE-DE-VIHIERS, petite commune d'un millier d'habitants.

Qu'y trouve-t-on d'intérêt québécois? demanderez-vous. C'est ici que furent instituées, en 1823, les Filles de la Charité, communauté vouée à l'éducation des enfants et aux soins des malades.

En 1907, les Filles de la Charité s'établissaient à Sherbrooke, et, en vingt ans, elles fondaient autant de maisons de leur ordre au Québec! Grâce à leur noviciat, elles purent aussi se fixer aux États-Unis et jusqu'en Afrique. En 1905 et 1906, la congrégation, mieux connue sous le nom de Filles de la Charité et du Sacré-Cœur de Jésus, dispensait déjà de l'enseignement dans les États du Vermont et de New York, à Newport et à Champlain respectivement.

Le couvent de La Salle-de-Vihiers est un immeuble imposant qui se déploie dans un parc très agréablement aménagé. Sa chapelle a la prestance d'une église, et l'ensemble présente une ordonnance architecturale digne de retenir l'attention.

Au moment où l'auteur de ces lignes s'y présentait, en novembre 1989, c'est une Québécoise originaire de l'Estrie qui l'accueillit: la générale de la communauté!

Sur ce, revenons en face de Nantes, sur la rive gauche de la Loire, pour poursuivre notre périple.

Couvent des Filles de la Charité, à La Salle-de-Vihiers.
D'ici partirent les premières religieuses de cette communauté
qui s'établirent à Sherbrooke en 1907.

Rue de l'Escale, à La Rochelle. Sous ses arcades, le pavé comporte des gallets rapportés du Canada en guise de lest dans la cale des voiliers.

AUNIS
SAINTONGE
ANGOUMOIS

On passe par l'extrémité ouest du Poitou pour entrer en Aunis, cette province qui fut tout d'abord intégrée à l'Aquitaine, puis réunie plus tard au domaine royal, puis passée ensuite à l'Angleterre, et finalement revenue à la couronne de France sous Charles V.

Depuis Nantes, la route la plus invitante longe le bord de mer, où se rencontrent des stations estivales réputées. Les départementales 751 jusqu'à Port-Saint-Père (23 km), 758 jusqu'à Beauvoir-sur-Mer (36 km) et 22 jusqu'à Barre-de-Monts (9 km) vous conduisent jusqu'à l'Atlantique. À partir de là, la D 38 descend le long de la côte, via Saint-Jean-de-Monts, dont la grande plage et le bord de mer bordé d'immeubles modernes ont fait un centre balnéaire recherché, et poursuit jusqu'aux Sables-d'Olonne (60 km), dont le nom suggère bien la présence d'une autre belle plage, en arc de cercle, longue de 2 km et bordée d'un quai terrasse. Cette station possède un casino, tout comme Saint-Jean-de-Monts, et son port est très animé, surtout au retour de la pêche.

Si l'on préfère l'insolite à la baignade, l'occasion est excellente de visiter le Marais breton, que l'on a converti, au fil des siècles, en polders, ce qui a permis l'élevage et la culture céréalière. Un grand nombre de canaux s'y entrecroisent, chacun portant un nom, comme les rues d'une grande ville. Quiconque s'y aventurerait sans un batelier de la région risquerait fort de s'y perdre ! On désigne une section de ce marais sous le nom de Venise Verte. Le soleil, pénétrant à peine à travers les frondaisons, met en valeur toute la gamme des verts ; l'automne y ajoute ses ors. C'est le pays du grand silence vert, une oasis de calme et un paradis pour les pêcheurs.

Depuis les Sables-d'Olonne, la D 949 conduit à Luçon, puis au lieu-dit des Quatre-Chemins (58 km), où passe la N 137. Empruntons-la sur la droite jusqu'à la N 11 (35 km), puis celle-ci, encore sur la droite : on n'est plus qu'à une dizaine de kilomètres de La Rochelle, notre première destination en Aunis. Mais à 3 km de ce carrefour, peut-être voudra-t-on faire halte à DOMPIERRE-SUR-MER : depuis 1988, une plaque, sur la façade de l'église, rappelle le souvenir de Jacques Archambault, ancêtre de la souche canadienne de la famille de ce nom, l'un des pionniers de Montréal, où il décéda en 1688, à l'âge de 84 ans. En 1651, il avait échappé de justesse aux Iroquois à proximité du petit fort de Ville-Marie.

LA ROCHELLE

Ancienne capitale de l'Aunis, La Rochelle, tout comme Saint-Malo et Nantes, est présente dans les chansons populaires du Québec :

> *En revenant de la jolie Rochelle,*
> *J'ai rencontré trois jolies demoiselles :*
> *J'ai point choisi, mais j'ai pris la plus belle...*

Comment s'étonner de cette popularité ? On ne compte plus les vaisseaux qui ont fait voile de ce port pour la Nouvelle-France. C'est de là, par exemple, qu'en 1641 sont partis le sieur de Maisonneuve et la plupart des premiers colons qui devaient fonder Montréal l'année suivante.

Après le siège de 1627-28, Richelieu fit raser l'enceinte médiévale, mais, fort heureusement, il en subsiste la porte de la Grosse-Horloge (XIIIe s.), qui constituait l'entrée de la ville du côté du port, et deux énormes tours qui gardaient l'entrée de celui-ci : la tour de la Chaîne et la tour Saint-Nicolas (XIVe s.). La première a été appelée ainsi parce que c'est au moyen d'une chaîne tendue de l'une à l'autre que l'on fermait l'entrée du chenal.

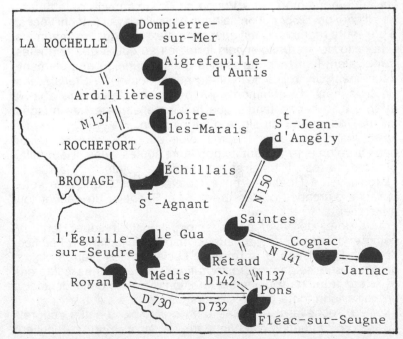

Le vieux port de La Rochelle. On prétend que près de 85 pour cent des ancêtres des Québécois s'y sont embarqués pour la Nouvelle-France.

En fait, La Rochelle fut l'un des premiers ports français à tirer profit de la découverte du Nouveau Monde. Des liens commerciaux se tissèrent tôt entre les marchands de cette ville et la Nouvelle-France. Entrons dans la cathédrale, où des ex-voto l'illustrent bien. L'un d'eux représente *Le Saint-Pierre*, armé en 1745 pour le Canada et commandé par le capitaine Seignette. Un autre nous montre *La Vierge de Grâce* sauvée d'un naufrage ; il date de 1755, et l'on sait que ce voilier avait franchi l'océan à plusieurs reprises. C'est au moyen d'ex-voto que les mariniers, à la suite de vœux solennels formulés au cours des tempêtes, traduisaient leur reconnaissance d'avoir survécu aux éléments déchaînés. Un troisième tableau nous montre *La Stella Maris*, un trois-mâts de commerce en perdition : l'équipage abat la mâture à la hache tandis que la Vierge émerge des nuages, levant l'index droit en signe d'intervention.

Quand les voiliers, après avoir déchargé leur cargaison dans la colonie, rentraient au port leurs soutes vides, il leur fallait prendre du lest. Il s'agissait souvent de galets. Or, la rue de l'Escale, à La Rochelle, en est pavée : c'est l'une des voies bordées d'arcades qui assurent à La Rochelle un cachet tout particulier.

L'Hôtel de Ville, par exemple, construit sous Henri IV, comprend une galerie à arcades d'inspiration italienne ; l'édifice, de style Renaissance, a retrouvé l'éclat de ses pierres claires grâce à une soigneuse restauration ; les armoiries sculptées dans son fronton rappellent la tradition maritime des Rochelais : un voilier surmonté de trois fleurs de lys.

La Rochelle s'est dotée d'un ensemble d'actifs culturels qui retient l'attention. Mentionnons de façon toute particulière son musée du Nouveau-Monde, dont la vocation principale est de mettre en valeur les relations qu'au cours des siècles la région a établies et maintenues avec les Amériques ; on le trouve au n° 10 de la rue Fleuriau.

La Rochelle fut un des plus grands ports français jusqu'au siège que lui fit subir Richelieu, et son déclin se manifesta dès sa reddition (1628). La perte de ses franchises, la révocation de l'édit de Nantes et la cession du Canada à l'Angleterre aggravèrent sa situation. Les Rochelais étaient si sensibles à ce facteur que les marchands protestèrent auprès de Louis XV quand ils apprirent que les négociations qui allaient déboucher sur le traité de Paris signifieraient la perte de la Nouvelle-France.

Le regretté généalogiste Émile Falardeau estime que près de 85 pour cent des ancêtres des Québécois se sont embarqués à La Rochelle !

En face de La Rochelle, l'île de Ré, ou Ré-la-Blanche, comme on se plaît souvent à la désigner, fascine touristes et estivants non seulement par ses plages mais aussi par ses monuments historiques. Saint-Martin-de-Ré, petite ville blanche entourée de fortifications par Vauban, le phare des Baleines (55 mètres), Ars-en-Ré et ses rues tortueuses charment les visiteurs. C'est de SAINTE-MARIE-DE-RÉ que partit Mathurin Villeneuve, au XVIIe siècle, pour le Canada. Une rue conduisant à l'église porte d'ailleurs son nom. Depuis 1935, un portrait du cardinal Villeneuve, alors archevêque de Québec et primat de l'Église canadienne, figure dans la salle du conseil municipal avec la dédicace : «En souvenir de l'accueil incomparable de mes pays de Sainte-Marie de l'île de Ré. » L'accès de l'île est maintenant facilité par un tout nouveau pont. Signalons que, depuis 1985,

À La Rochelle, la belle porte de la Grosse-Horloge,
datant du XIIIe siècle, a fort heureusement subsisté lors de la démolition
des murs de la ville, ordonnée par Richelieu.

D'importants fragments de l'enceinte
du château d'Ardillières existent toujours.

un pacte d'amitié rapproche les citoyens de l'île de Ré de ceux
de l'île d'Orléans, au Québec.

Après avoir respiré l'air iodé qui parfume les quais, parcouru les rues bordées d'arcades et regardé sardiniers et yachts
de plaisance se dandiner dans la lumière de l'Aunis qui joue
sur le vieux port, il en coûte de partir, mais la route nous appelle.

De La Rochelle à Rochefort, où nous nous arrêterons un
bon moment, la N 137 constitue l'itinéraire le plus direct (32
km) ; elle est parallèle à la côte. Nous proposons pourtant un
détour par Ardillières et Loire-les-Marais, où des bâtiments historiques rappellent la mémoire de deux grands Canadiens.

En quittant La Rochelle par le sud-est, on trouve la D
939, qui, en 13,50 km, conduit, à proximité d'Aigrefeuille-d'Aunis,
à la D 5. Prendre celle-ci sur la droite : à 6 km, elle effleure
ARDILLIÈRES. C'est sans doute ici qu'aurait voulu finir ses jours
celui que les historiens désignent souvent comme le premier
grand Canadien, Pierre Le Moyne d'Iberville. Celui-ci, en effet,
le 3 septembre 1700, se portait acquéreur de la châtellenie
d'Ardillières pour 94 000 livres, y compris « le cheptel mort ou
vif ». Cette seigneurie, comme la terre du Plessis, comprise
dans le marché, était déjà mise en valeur car elle comprenait
quatre métairies et des centaines de journaux de marais dessé-
ché. Le journal est une ancienne mesure de superficie correspondant à l'étendue moyenne de terre qu'un homme pouvait
labourer en un jour.

Le Moyne d'Iberville était à l'aise : il venait tout juste de
rentrer de Louisiane avec une cargaison de 9 000 peaux,
achetées, dit-on, de trappeurs canadiens qui souhaitaient revenir
à Montréal.

En cette année 1700, il a déjà à son crédit toutes les expéditions qui l'ont rendu célèbre : baie d'Hudson, Terre-Neuve, Nouvelle-Angleterre, golfe du Mexique. Il songe probablement à la retraite, souhaitant la vivre en Aunis, mais, en 1706, il part à la tête d'une escadre de 12 vaisseaux pour une campagne de harassement contre les établissements anglais des Antilles. Il attaque l'île de Saint-Christophe (St. Kitts), obtient facilement la reddition des assiégés et s'empare de tous les actifs de la place en argent et en marchandises, de 6 000 esclaves et de 24 vaisseaux ancrés dans la rade, un butin dépassant les quatorze millions de livres !

Ce sera son dernier exploit : il mourra terrassé par la fièvre, probablement à bord de son navire, *Le Juste*, et sera inhumé à La Havane (Cuba).

Il existe d'importants vestiges du château de la seigneurie d'Ardillières, de même qu'une bonne partie du haut mur qui l'entourait.

En 1693, Le Moyne d'Iberville avait épousé Marie-Thérèse Pollet de La Combe-Pocatière, dont le père, François, a laissé son nom à la seigneurie puis à la ville de La Pocatière, comté de Kamouraska. Ils s'étaient mariés en communauté de biens. Aussi sa veuve devint-elle seigneuresse d'Ardillières. En octobre 1708, elle unissait sa destinée à celle de Louis, comte de Béthune, lieutenant général des armées navales.

Il y a quelques années, alors que, dans l'église, on enlevait une plate-forme réservée aux marguilliers devant l'autel, du côté de l'Évangile, on découvrit la dalle sous laquelle gisent les restes du comte, décédé en 1734 à l'âge de 75 ans. Au moins un fils et deux filles de Le Moyne d'Iberville ont été inhumés dans cette

La petite place située devant l'église d'Ardillières a reçu le nom de celui que les historiens considèrent comme le premier grand Canadien.

église : Pierre Louis Joseph, né « sur le grand banc » (celui de Terre-Neuve) en juin 1694 et décédé à l'âge de 22 ans, et deux de ses sœurs prénommées Marie-Thérèse, l'une ayant épousé Jean Gaudion de La Vannerie, et l'autre, son propre cousin germain, Pierre Joseph Charles Antoine Le Moyne de Sérigny, fils de Joseph.

Il y a quelques années, les élus locaux ont donné le nom de Pierre Le Moyne d'Iberville à la petite place située devant l'église.

Reprenons la D 5 vers le sud. Après 9 km, à Breuil-Magné, empruntons, sur la gauche, la D 214. On arrive tout de suite à LOIRE-LES-MARAIS, un autre haut lieu du retour en France de membres de la famille Le Moyne. C'est en 1700, avons-nous signalé plus haut, que Le Moyne d'Iberville avait acheté la châtellenie d'Ardillières. Or, l'année suivante, l'un de ses frères, Joseph Le Moyne de Sérigny, né comme lui à Montréal, se portait acquéreur de celle de Loire, « ce qui fait connaître que le Mississippi n'est pas aussi mauvais pays que l'on a voulu dire », écrivait Michel Bégon.

Lui aussi avait servi à la baie d'Hudson, en compagnie et au soutien de son frère ; ils étaient sans doute très près l'un de l'autre et souhaitaient l'être dans l'Aunis au moment de la retraite, mais, pour Joseph, celle-ci était encore lointaine. Il avait à peine signé le contrat d'achat qu'il faisait voile pour la Louisiane. Puis, en 1706, alors que son frère partait sur *Le Juste* pour aller harceler les Anglais aux Antilles, il prenait le commandement du *Coventry*, l'un des vaisseaux de l'escadre.

Les deux Le Moyne n'étaient pas seulement d'intrépides capitaines ; ils avaient le sens des affaires, et on leur a reproché, à la suite de cette dernière campagne, des exactions qui frôlaient dangereusement la fraude. En 1718, on confiait à Joseph le mandat de commander la Louisiane conjointement avec un autre de ses frères, Jean-Baptiste Le Moyne de Bienville. Son fils, Pierre Joseph Charles Antoine, l'accompagnait. Au cours de cette campagne, Joseph Le Moyne de Sérigny s'empara du poste espagnol de Pensacola et il fut décoré de la croix de Saint-Louis. En 1723, on lui confiait le gouvernement de Rochefort, qui était le port d'attache d'un grand nombre de vaisseaux qui maintenaient des liens étroits avec l'Amérique.

Le manoir de l'ancienne châtellenie existe toujours à Loire-les-Marais. Il est en excellent état. On ne peut en dire autant de l'ancien colombier, dont les alvéoles s'ouvrent sur l'azur ; il porte le millésime 1641. Les communs ont été entretenus. L'ancienne chapelle du domaine, devenue par la suite l'église paroissiale, ne s'ouvre plus cependant que pour les mariages et les services funèbres, que vient célébrer le curé du bourg voisin de Breuil-Magné. À l'intérieur subsistent des fragments de la litre seigneuriale qui comportent le blason de la famille : « D'azur, à trois roses d'or, au chef cousu de gueules chargé d'un croissant d'or accosté de deux étoiles de même. »

L'autel de l'église de Loire-les-Marais a été classé par les Beaux-Arts.

Joseph Le Moyne de Sérigny décéda en 1734. Il n'eut donc pas la satisfaction de voir son fils décoré comme lui de la croix de Saint-Louis (1738). Le chevalier Pierre Joseph Charles Antoine Le Moyne de Sérigny, qui était né à La Rochelle en 1700, était devenu le deuxième marquis de Loire. C'est lui qui, en 1744, offrit le tabernacle qui orne toujours l'autel de l'ancienne chapelle, classé par les Beaux-Arts ; une inscription en fait foi :

> Le tabernacle a esté donné
> par Monsieur de Sérigny
> Seigneur de cette paroisse
> le 17. aoust 1744.

Le chevalier de Sérigny décéda à Vichy en 1753.

Reprenons la D 5 vers le sud. Depuis Breuil-Magné, seulement 5 km nous séparent d'un autre haut lieu de souvenirs québécois, Rochefort, une ville « jeune » qui a grandi en à peine plus de trois siècles dans une boucle de la Charente.

ROCHEFORT

En effet, Rochefort a célébré son tricentenaire en... 1966. C'est l'une des rares villes de France dont la fondation est postérieure à celle de Montréal.

Quand Colbert succède à Mazarin en 1661, la France n'a pas d'arsenal maritime sur les côtes du ponant. La forêt s'étend encore presque jusque sur les bords de la Charente lorsque le roi décide d'y créer de toutes pièces le plus grand arsenal maritime du monde.

En 1688, Michel Bégon, dont un buste orne la préfecture maritime, devient intendant de la place forte. Il écrira plus tard : « J'ai trouvé la ville en bois, je l'ai laissée en pierres », ce qui résume bien la tâche dont il s'acquitta. La famille Bégon est bien connue des historiens québécois. Ce Michel Bégon, avant d'être nommé à Rochefort, avait été intendant aux Îles d'Amérique ; en cette qualité, il avait reçu le botaniste Plumier venu au Nouveau Monde en voyage d'herborisation. Celui-ci, charmé de l'accueil dont il avait été l'objet, décida d'attacher le nom de son hôte à une plante nord-américaine, le bégonia.

L'église Saint-Louis, à Rochefort. Ici reposent Michel Bégon et sa fille, Catherine, mère du célèbre marquis de La Galissonnière.

Mais ce n'est pas pour cela que le nom de l'intendant de Rochefort apparaît dans nos annales : l'aîné de ses huit enfants, également prénommé Michel, fut intendant de la Nouvelle-France pendant quatorze ans, et un autre fils, Claude-Michel, occupa diverses charges importantes dans la colonie, dont celle de gouverneur des Trois-Rivières.

Michel Bégon père a été inhumé en l'église Saint-Louis, à Rochefort. Si vous y entrez, vous y lirez cette inscription :

ICI REPOSENT
Michel BÉGON,
Intendant de la marine à Rochefort,
Né en 1638, décédé en 1710.
Nascentem hanc urbem ligneam invenit
lapideam reliquit.

Catherine BÉGON,
Marquise de La Gallissonnière,
fille de Michel BÉGON
et mère de l'amiral de La Gallissonnière,
vainqueur des Anglais à Mahon,
digne par ses vertus
d'un tel père et d'un tel fils.

————

Leur tombeau fut indignement violé en 1793.
Leurs restes ont été recueillis et inhumés
avec honneur dans cette église
par les soins du Conseil municipal
de Rochefort en 1839.

Si le château de la famille de La Galissonnière se trouvait au Pallet, ainsi que nous l'avons signalé précédemment, c'est à Rochefort que naquit l'amiral, dans un hôtel particulier qui abrite de nos jours la préfecture maritime ; près du portail, une inscription burinée dans une plaque de marbre rose le rappelle :

Dans cette maison naquit le 10 novembre 1693
de La Galissonnière
Chef d'Escadre — Vainqueur à Port-Mahon 1756
Hommage de la Ligue Maritime française

Sous ce toit, Napoléon, empereur déchu, passa une nuit, en 1815, alors qu'il était en route pour l'île d'Aix. Nous reviendrons là-dessus plus loin.

Aux numéros 121, rue de la République, et 55, avenue Charles-de-Gaulle, on peut voir les façades de la maison qu'habi-

La préfecture maritime de Rochefort.
Ici naquit le marquis de La Galissonnière.

tait Michel Henri Froger, l'un des deux arrière-petits-fils de Pierre
Le Moyne d'Iberville fusillés à Vannes à la suite de l'affaire de
Quiberon. À cette époque, il était à la fois seigneur d'Ardillières,
où nous sommes déjà passés, et de L'Éguille, l'une de nos
prochaines étapes. En mai 1792, l'on procéda à l'inventaire du
contenu de ces demeures ; le document démontre à quel point
ce «capitaine de vesseaux de la Nation» était à l'aise. Il avait
notamment rapporté de ses voyages aux Amériques quantités
de riz, de café et de sucre : le Directoire de Rochefort évalua
à 400 livres le poids de café contenu dans deux quarts à farine
et à 150 livres celui du sucre conservé dans un semblable
récipient. Aimable détail : parmi les déshabillés et robes de
chambre figurent une poupée et deux fourreaux «pour l'habiller
en Indienne». Celui qui se présenta et qui signa le procès-verbal
de cet inventaire en qualité de caution était «le sieur Rigaud
Louis, décoré des honneurs militaires et commandant la marine
auprès du département de la ville de Rochefort». Il signa.
«Rigaud Vaudreuil». Il n'était pas sain, à cette époque, d'arborer
sa particule ! Il s'agissait probablement de Louis de Rigaud de
Vaudreuil, petit-fils et neveu de deux anciens gouverneurs de
la Nouvelle-France, qui avait participé à la guerre de l'Indépendance américaine et commandé *Le Sceptre* à l'historique bataille
de Yorktown. Sa mère, Élisabeth Catherine Le Moyne de Sérigny, était la fille du seigneur de Loire.

Au cimetière communal, non loin de la place Champlain,
deux monuments retiennent l'attention. L'un d'eux identifie le
lot de la famille Lemoyne de Sérigny. Le premier de ce nom
inhumé ici, Henri Honoré, était le fils du deuxième marquis de
Loire et le petit-fils de Joseph, né à Montréal ; il fut maire de
Saint-Jean-d'Angély, où nous ferons halte plus tard. L'autre

monument marque la tombe d'un Canadien dont le nom est gravé dans la pierre de l'arc de triomphe de l'Étoile à Paris, l'amiral Pierre Martin :

ICI REPOSENT
LES DÉPOUILLES MORTELLES
DE Mʳ LE COMTE PIERRE
MARTIN VICE-AMIRAL
DES ARMÉES NAVALES
DE SA MAJESTÉ, ANCIEN
PRÉFET MARITIME
DU 5ᵉ ARRONDISSEMENT
GRAND OFFICIER DE
LA LÉGION D'HONNEUR
CHEVALIER DE L'ORDRE
ROYAL ET MILITAIRE
DE Sᵗ LOUIS, NÉ À
LOUISBOURG EN CANADA
LE 29 JANVIER 1752
DÉCÉDÉ LE 1ᵉʳ 9ᵇʳᵉ 1820

Inclinons-nous sur la tombe d'un grand personnage qui commanda l'une des divisions de l'armée navale aux ordres de Villaret de Joyeuse, puis toutes les forces navales de la Méditerranée. Certains enviaient ses succès. Lorsque Napoléon choisit l'amiral de Villeneuve pour prendre charge de la flotte qui allait se mesurer à celle de Nelson, il donnait suite à des conseils de son entourage, car il avait tout d'abord pensé à l'amiral Martin. Quand Napoléon s'arrêta à Rochefort, en route

Le quai Le Moyne-de-Sérigny, à Rochefort.
Il évoque les précieux états de services
d'une célèbre famille originaire de Montréal.

pour l'île d'Aix, en 1815, Martin se porta à sa rencontre. «J'ai voulu vous nommer au commandement de mon armée navale avant que l'amiral de Villeneuve ne partît vers Cadix se faire battre à Trafalgar», lui confia l'empereur devant témoins, «mais on m'en a dissuadé : j'ai été trompé sur votre compte. »

La retraite avait probablement dilué tout ressentiment chez Martin. Celui-ci proposa à l'empereur déchu de quitter la France plutôt que de se livrer aux Anglais. Il se faisait fort de déjouer le blocus avec deux frégates, *La Saale* et *La Méduse*, mouillées en rade de l'île, dans la fosse d'Énet, prêtes à appareiller. Martin, dit-on, avait formé le projet de conduire Napoléon au Canada.

Au Musée municipal de Rochefort, on conserve un portrait de l'amiral, de même qu'une maquette du *Sans-Culotte*, au mât duquel Martin avait arboré son pavillon. Cette dernière pièce illustre bien l'attachement de certains marins de cette époque à leur amiral, même s'il leur en faisait baver dans l'exercice de ses responsabilités.

L'un des matelots du *Sans-Culotte*, fait prisonnier par les Anglais et gardé à vue sur un ponton, consacra des mois à sculpter cette maquette dans un gros os. Enfin libéré, il se présenta à la demeure de son amiral pour la lui offrir. Martin ne voulut pas le laisser partir sans lui offrir quelques pièces, mais le matelot les refusa, demandant plutôt la faveur de trinquer avec lui. Cette pièce a été conservée grâce à un petit-fils de l'amiral, le comte Pouget.

Ne quittez pas Rochefort sans une visite au Musée maritime. Vous y trouverez un buste de l'amiral Martin. Scrutez-le : on ne devine pas qu'il avait perdu un œil au combat dès 1775, mais cette physionomie décidée permet de penser que s'il fut d'une légendaire intransigeance pendant toute sa carrière, peut-être l'Acadien aurait-il vaincu Nelson à Trafalgar !

À La Rochelle, nous avons signalé que la rue de l'Escale était pavée de galets rapportés du Canada en guise de lest. C'est également le cas de la rue des Petites-Allées à Rochefort. Une inscription rappelle que c'est Michel Bégon qui dota la voirie de la ville de chaussées empierrées :

RUE DES PETITES-ALLÉES

Les rues de Rochefort furent pavées à partir de 1684 sous l'intendant BÉGON.

La moitié des droits perçus sur le vin se vendant en ville au détail servit à payer ces travaux.

Les pavés provenaient des carrières des environs et souvent des pierres de délestage déchargées des navires en provenance des Amériques et plus particulièrement du Canada.

Les «petites allées» tirent leur nom du Jardin du Roy, aujourd'hui jardin de la Marine, qui s'étendait jusqu'ici.

Ne quittons pas Rochefort sans rappeler que si Jean Vauquelin, l'héroïque commandant de *L'Atalante*, est né à Dieppe, où une rue porte son nom, c'est à Rochefort qu'il décéda en 1772.

Notons aussi que, depuis Rochefort, on peut facilement aller à l'île d'Aix et y visiter la maison de l'Empereur, dernière résidence de Napoléon avant son départ pour Sainte-Hélène en juillet 1815. Après avoir longuement médité l'offre à lui faite par l'amiral Martin, il avait plutôt décidé de s'en remettre «à la générosité des Anglais», et il se plaça à leur disposition sur *Le Bellerophon*. On sait le reste. Depuis la station balnéaire de Fouras, une courte route conduit à la pointe de la Fumée, d'où des vedettes conduisent à l'île en une vingtaine de minutes.

Sortons de Rochefort par le sud. L'avenue du Onze-Novembre conduit au pont du Martrou, qui enjambe la Charente. On emprunte automatiquement la D 733 et l'on entre en Saintonge, la patrie de Samuel de Champlain.

Cette antique province, incluse au VIIIe siècle dans le duché d'Aquitaine, passa à l'Angleterre pour être reconquise par Du Guesclin et réunie définitivement à la couronne française sous Charles V.

Un kilomètre à peine après avoir franchi le pont mentionné plus haut, se présente, sur la gauche, la petite commune d'ÉCHILLAIS ; au cimetière existe la chapelle des Le Gardeur de Tilly, une famille que nos historiens connaissent bien et dont nous avons évoqué le souvenir en parcourant la Normandie. En 1669 naissait, à Québec, Jean-Baptiste Le Gardeur de Tilly, fils de Charles, qui avait été gouverneur des Trois-Rivières et allait devenir membre du Conseil souverain. En 1697, Jean-

L'église d'Échillais. Deux ancêtres Gauthier, Jean et Pierre, y furent baptisés.

Tombeau et chapelle funéraire
des Le Gardeur de Tilly au cimetière d'Échillais.

Baptiste épousa Élisabeth Girard. Le couple passa en France et fut à l'origine de la branche des Le Gardeur de Tilly de Saintonge. Un fils, Armand, fit carrière dans la marine. Sa dépouille repose dans la chapelle mentionnée plus haut :

> ICI REPOSE
> Armand Le Gardeur de Tilly
> Contre-amiral, Chef d'escadre
> Chevalier de St Louis
> et de l'Ordre de Cincinnatus
> décédé le 1er janvier 1819
> à l'âge de 79 ans

Reprenons la D 733 vers le sud. Dès après Échillais se présente, sur la droite, la D 123, qui frôle la petite commune de SAINT-AGNANT. Entrons dans l'église, non parce qu'il s'agit d'un monument digne d'attention, mais parce que sa nef s'orne d'ex-voto : l'un d'eux représente un combat naval livré dans le Saint-Laurent par *Le Comte de Pontchartrain*. C'est un dessinateur de La Rochelle, nommé Lizy, qui signa ce tableau offert à l'église en 1757.

Nous ne sommes plus ici qu'à 10 km d'un autre haut lieu de l'histoire de France et aussi de nos propres origines. Depuis Saint-Agnant, la D 238 débouche sur Hiers, commune jumelée à celle de Brouage, et dès qu'on y prend la petite D 3, sur la droite, se profilent dans la plaine les fortifications que Richelieu y fit édifier.

BROUAGE

On prétend que Samuel de Champlain est né à Brouage entre 1567 et 1570. La date exacte n'a pu être établie car on n'a jamais retrouvé son acte de baptême. Certains ont avancé que ses parents étaient des religionnaires et qu'il n'aurait épousé la foi catholique qu'un certain temps après sa naissance.

Quoi qu'il en soit, nous savons qu'au moins il a habité Brouage. En effet, lorsque parut le récit de son voyage de 1599-1600 aux Indes occidentales, il l'intitula : *Brief discovrs des choses plvs remarqvables qve Sammvel Champlain de Brovage a reconneues aux Indes Occidentales.* Plus tard, quand il signe le compte rendu de son expédition de 1603, la page de titre se lisait comme suit : *Des Savvages, ov voyage de Samvel Champlain de Brovage, fait en la France Novvelle, l'an mil six cens trois.*

Au XVIIe s., Brouage était déjà une place forte et prospère. Elle figurait au premier rang des producteurs et exportateurs de sel de France. Mais elle connut la rivalité fratricide des guerres de religion, tour à tour assiégée, prise, pillée, reprise, parfois massacrée. C'est Richelieu qui, pour tenir tête à La Rochelle, un bastion calviniste, entreprit en 1627 d'en relever les fortifications, dont on visite aujourd'hui d'importants vestiges. Il fallut dix ans pour mener à bien ce qui devait être un joyau de l'architecture militaire de l'époque. Chacun de ces trois « bastions de la mer » qu'ont été La Rochelle, Rochefort et Brouage, on le voit, a eu pour filleule, pourrait-on dire, la Nouvelle-France.

Aspect des remparts de Brouage.
Ils s'agrémentent d'élégantes échauguettes.

C'est par l'église que débutera notre pèlerinage historique : elle a été construite en 1608, l'année même où Champlain fondait Québec. Avant d'y entrer, voyons à droite une colonne érigée en 1878 à la mémoire du personnage. À l'intérieur, sur un autel latéral, le tricolore, le fleurdelisé et le drapeau acadien servent de décor à une statue de Jeanne d'Arc, aimable évocation du renouement des liens entre la mère patrie culturelle et ses rameaux d'Amérique.

Deux vitraux de facture récente rappellent aussi ces retrouvailles. Le premier, intitulé *L'Épopée de l'île Sainte-Croix*, a été dévoilé par le Premier ministre du Nouveau-Brunswick en 1982. Il évoque la première tentative d'établissement en Acadie par Pierre du Gua, sieur de Monts, assisté de Champlain ; le maître verrier y a représenté les deux personnages examinant les plans du petit poste. Le second, offert par la ville de Québec et dévoilé par son maire, a pour sujet l'« abitation » des commencements, érigée au pied du cap aux Diamants par Champlain en 1608 ; l'artiste, comme pour la verrière précédente, a reproduit un dessin des ouvrages du fondateur, et l'on reconnaît bien le modeste établissement, avec son magasin, son colombier, ses galeries, son pont-levis et ses plates-formes à canons.

Ne sortons pas de l'église sans nous recueillir un instant auprès de la tombe du jésuite Maxime Le Grelle, qui, en 1978, avait pris la tête d'un mouvement pour assurer la restauration de l'édifice, et qui y maintint longtemps une exposition permanente. Il repose sous l'une des dalles de l'allée du côté de l'épître, bien identifiée par une épitaphe.

Non loin de l'église, un petit parc a été aménagé, là où, probablement, se trouvait la demeure de Champlain. Le gouvernement du Québec y a érigé un mémorial :

1570
ICI
S'ÉLEVAIT LA
MAISON OÙ
NAQUIT ET
VÉCUT TOUTE
SON ENFANCE
SAMUEL
DE
CHAMPLAIN
PÈRE DE LA
NOUVELLE-FRANCE
ET FONDATEUR DE
QUÉBEC

HOMMAGE DU
GOUVERNEMENT DU
QUÉBEC
29 AOÛT
1970

Tout près de la porte nord de la ville, l'Ontario a érigé une inscription résumant la carrière de Champlain et rappelant qu'à la faveur de ses explorations il a parcouru l'intérieur du continent et pénétré jusqu'au cœur du territoire devenu depuis lors celui

Depuis 1878, cette colonne, devant l'église de Brouage, évoque la mémoire de Samuel de Champlain.

de cette province. Tout à côté, une autre plaque signale que la commune d'Hiers-Brouage est jumelée à la municipalité de Champlain, au Québec ; ce projet de rapprochement s'est concrétisé en 1974.

On ne voudra pas quitter Brouage sans en voir les remparts, dotés d'élégantes échauguettes et guérites : c'est dans ce décor que vibrèrent à l'unisson les cœurs de Marie Mancini et de Louis XIV, une impossible idylle que trancha la cruelle raison d'État, Mazarin s'étant opposé au mariage du roi à la belle Italienne, qui était pourtant la nièce du cardinal ministre.

Depuis Hiers, la D 3, en 4 km, conduit à MARENNES, édifiée jadis sur une île du golfe de Saintonge et qui se targue du titre de capitale de l'ostréiculture ; les marennes, d'ailleurs, jouissent d'une excellente réputation auprès des amateurs de fruits de mer. Les parcs à huîtres s'échelonnent tout au long de l'estuaire de la Seudre, que nous côtoierons un peu plus loin.

Signalons qu'à partir de Marennes un long pont permet d'accéder à l'île d'Oléron, la plus grande des îles françaises après la Corse et que traverse la D 734. Le Château d'Oléron est une ancienne citadelle (XVIIe s.). Le vieux cimetière de Saint-Pierre-d'Oléron possède une lanterne des morts haute de 20 mètres (XIIIe s.), et dans cette même commune on trouve la maison où Pierre Loti passait ses vacances ; le célèbre écrivain, né à Rochefort, est inhumé dans le jardin.

Depuis Marennes, donc, la D 728 longe l'estuaire. En 16 km, on atteint le carrefour de Cadeuil. Prendre sur la droite la D 733, qui, 3 km plus loin, effleure la commune du GUA. Selon ses biographes, c'est ici, en toute probabilité, que naquit Pierre Du Gua, sieur de Monts, gouverneur de l'Acadie. C'est lui, ainsi que le rappelle un vitrail de l'église de Brouage, qui fonda le premier établissement permanent du Canada, avec l'assistance de Champlain. De foi calviniste, il s'était distingué sous Henri IV au cours des guerres de religion, et, nous le verrons plus loin, le roi lui confia le gouvernement de la ville de Pons, en Saintonge.

Reprenons la D 733 vers le sud. Trois autres kilomètres, et nous voici à L'ÉGUILLE-SUR-SEUDRE. De la voûte de l'église communale pendent deux maquettes à échelle réduite : un petit voilier et une charrue Dombasle, symboles de deux facteurs de l'économie locale, l'ostréiculture et la viticulture, cette charrue ayant été conçue pour les vignobles.

Nous sommes ici sur la trace des Froger, ces deux arrière-petits-fils de Le Moyne d'Iberville fusillés à Vannes, au lendemain de l'affaire de Quiberon. Louis, le benjamin des deux frères, était connu sous le nom de chevalier de L'Éguille. L'ancien manoir des Froger y existe toujours. Nous avons déjà dit un mot de l'inventaire du contenu des demeures de Michel Henri Froger à Rochefort. Le manoir de L'Éguille-sur-Seudre n'échappa pas à l'œil scrutateur des enquêteurs : on devait y bien boire et bien manger, car les commissaires y trouvèrent 78 douzaines de serviettes, 141 tabliers de cuisine, 550 bouteilles de bière et de vins de Grave, du Médoc, de Bordeaux et d'Espagne, de même que cinq barriques et demie de vin du pays.

Si l'on reprend la D 733, il reste seulement 10 km pour ROYAN, dont l'architecture moderniste tranche sur les vieilles pierres des autres villes : détruite aux trois quarts par les bombardements au cours de la Deuxième Guerre mondiale, cette station balnéaire a été reconstruite, et son église Notre-Dame, en béton armé, est de forme très originale. Les nouveaux édifices du front de mer présentent leurs façades de façon à souligner la courbe de la Grande Conche. Notons qu'ici s'offre la possibilité, grâce à de solides passeurs, de franchir l'estuaire de la Gironde et d'aborder la pointe de Grave.

À l'angle des rues Paul-Doumer et de la Providence, une plaque rappelle la mémoire de Pierre Du Gua, sieur de Monts, qui joua un rôle important en Acadie et en Nouvelle-France. Nous reparlerons de ce personnage.

Pons possède un solide donjon rectangulaire datant de la fin du XIIe siècle. Pierre Du Gua, sieur de Monts, en fut le gouverneur.

Depuis Royan, la N 150, qui conduit à Saujon puis à Saintes, passe par MÉDIS, une modeste commune qui n'est qu'à 3,50 km. Nous y retrouvons la trace des Froger car un membre de cette famille, André Froger, fut seigneur non seulement de L'Éguille-sur-Seudre mais aussi de La Rigaudière. Or, le manoir de La Rigaudière est situé sur la commune de Médis. André Froger était le fils de Guillaume, souche de la branche de cette famille qui essaima en Aunis et en Saintonge.

Revenons à Royan et prenons la D 730 jusqu'à Cozes (17 km), puis la D 732, qui, après avoir franchi l'autoroute A 10, débouche sur Pons (24 km).

Ce qui retient l'attention quand on approche de PONS, c'est son robuste donjon rectangulaire datant de la fin du XIIe siècle. Pierre Du Gua, sieur de Monts, avons-nous rappelé en passant au Gua, avait bien servi Henri IV, et le roi, pour lui signifier sa reconnaissance, lui avait octroyé une pension de 1 200 couronnes et lui avait confié le poste de gouverneur « ès ville et châtellenie de Pons ». L'actuelle mairie occupe de gracieux bâtiments à tourelles des XVe et XVIe siècles. On peut supposer que le Saintongeais y habita pendant son gouvernement. C'est peut-être ici qu'en 1603 il conçut ses « sept articles pour la découverte et habitation des côtes et terres de la Cadie ». C'est avec le titre de lieutenant général de ces lointaines possessions qu'il jeta les bases d'une compagnie qui, en échange des privilèges de la traite des fourrures, s'engageait à y établir des colons. Il parvint ainsi à s'assurer l'appui financier de marchands de Rouen, Saint-Malo, La Rochelle et Saint-Jean-de-Luz.

Pierre Du Gua s'adjoignit Samuel de Champlain en qualité de géographe et de cartographe. Les historiens n'ont pas rendu justice à ce personnage en qui le fondateur de Québec trouva toujours un précieux appui. Dès 1606, Marc Lescarbot, avant de partir pour Port-Royal, avait mesuré l'apport de ce personnage à la réalisation du grand projet d'Henri IV d'établir une France nouvelle en Amérique ; il écrit, dans la dédicace de son *Adieu à la France* :

> *De Monts, tu és celui de qui le haut courage*
> *A tracé un chemin à un si grand ouvrage :*
> *Et pource de ton nom malgré l'effort des ans*
> *La feuille verdoyra d'un éternel printemps.*

Pons a conservé d'importants fragments de ses remparts, notamment en bordure de la Seugne, qui coule en contrebas, une petite rivière émaillé de lavoirs fleuris.

On a déjà écrit que ce personnage était décédé en 1628, « probablement dans les Ardennes ». Certaines similitudes d'appellations suscitent parfois de hâtives conclusions. Jugeons-en.

Depuis Pons, la D 249 conduit à FLÉAC-SUR-SEUGNE (6 km). Ici existe le château d'Ardenne, dont le sieur de Monts devint propriétaire avant la fin de sa vie. Sa dépouille mortelle repose sous un if séculaire dans les jardins du château et une stèle a été érigée sur sa tombe. Il y a loin de la Saintonge aux Ardennes !

Remontons jusqu'à Pons et prenons-y la N 137 pour Saintes (19 km). Par ailleurs, on peut, à Pons, faire un crochet par RÉTAUD en empruntant plutôt la D 142 ; on atteint cette commune en 20 km, et on y trouve le château de Châtenet, une autre des demeures ayant appartenu à la famille Le Moyne de Sérigny. Ici a vécu Henri Gustave, descendant direct du Montréalais Joseph Le Moyne de Sérigny, frère de Le Moyne d'Iberville. Henri Gustave prit le titre de marquis de Loire lorsque s'éteignit cette branche de la famille. Nous retrouverons son père dès après.

De Rétaud, la D 114 conduit à Saintes (12 km). D'ici, la N 150 nous offre une double occasion de prendre contact avec les Le Moyne de Sérigny. Nous sommes à 37 km de SAINT-JEAN-D'ANGÉLY, au nord de Saintes. Le vieux quartier de cette ville a conservé ses petites places, ses rues tortueuses et ses maisons à pans de bois ; si nous en proposons la visite, c'est qu'Henri Honoré Le Moyne de Sérigny en fut le maire de 1809 à 1815 ; c'était le père d'Henri Gustave, mentionné plus haut.

En avril 1814, le Sénat de France votait la déchéance de Napoléon et appelait au pouvoir Louis XVIII, qui n'avait cessé, depuis l'étranger, de travailler au rétablissement de la monarchie en France. Le 17 avril 1814, en sa qualité de maire, Henri Honoré Le Moyne de Sérigny et de Luret présidait à la cérémonie de bénédiction du drapeau blanc, qui symbolisait le retour de la maison de Bourbon. Demeuré profondément royaliste, il

Aspect du château d'Ardenne, à Fléac-sur-Seugne.
Pierre Du Gua, sieur de Monts, y décéda en 1628.

évoque alors le souvenir de l'infortuné Louis XVI : « C'est dans son cœur que se trouvait l'asile de toutes les vertus ! »

Le personnage est décédé quatre ans plus tard, au château de Luret ; il repose au cimetière de Rochefort, sous le monument où nous nous sommes déjà arrêtés. Ce château de Luret se dresse sur les bords de la Boutonne, qui, après avoir arrosé Saint-Jean-d'Angély, se jette dans la Charente. On le trouve à TONNAY-BOUTONNE, où la D 739 conduit à partir de Saint-Jean-d'Angély (18 km). Henri Honoré Le Moyne y était né, car son père, Jean Honoré François Xavier, avait pour ainsi dire « trouvé » ce château dans la corbeille de son épouse !

La N 137, avons-nous dit, conduit à SAINTES, qui fut la capitale de la Saintonge au Moyen Âge. Déjà, à l'époque des Romains, cette ville était florissante. Ceux-ci y ont construit de nombreux monuments : l'arc de Germanicus, sur la rive droite de la Charente, est le plus connu (Ier s.). L'ancienne cathédrale Saint-Pierre, de style flamboyant (XVe et XVIe s.), conserve deux croisillons romans.

L'église Saint-Eutrope (XIIe s.) est l'un des plus remarquables monuments romans de l'ouest de la France ; sa crypte abrite le sarcophage de saint Eutrope (IVe s.). On ne compte plus les monuments qui ont près d'un millénaire d'existence : l'abbaye romane de Sainte-Marie-des-Dames est de ceux-là ; sa façade et son portail présentent une belle ornementation sculptée. On passerait volontiers quelques jours à admirer cet inestimable patrimoine, mais la route nous appelle.

L'étape suivante nous fera passer de Saintonge en Angoumois, puisque Angoulême sera notre prochaine destination, mais nous nous arrêterons brièvement à deux reprises pour des rappels historiques.

C'est la N 141 que nous emprunterons vers l'est à partir de Saintes. Elle nous conduit tout d'abord (26 km) à COGNAC. On devine déjà que l'économie de cette ville est tournée vers la distillation et le vieillissement de la célèbre eau-de-vie à laquelle elle a donné son nom ; mais ses vastes chais ne constituent pas son seul attrait : elle possède plusieurs monuments historiques, et, notamment, d'intéressants vestiges de l'ancien château des Valois, où naquit François Ier, qui confia à Jacques Cartier la mission de prendre possession du Canada.

À 15 km à l'est de Cognac, voici JARNAC. Ici, en 1569, le futur Henri III, alors duc d'Anjou, remporta une importante victoire sur les troupes protestantes du prince de Condé, qui fut tué au cours de la bataille. Mais cette appellation géographique est peut-être davantage passée à l'histoire populaire à cause de Guy de Chabot, baron de Jarnac, qui se battit en duel avec François de Vivonne, seigneur de La Châtaigneraie et fils du grand sénéchal de Poitou, et qui, sur le point d'être vaincu, terrassa son adversaire par une botte inattendue au jarret : le coup de Jarnac ! Encore 26 km sur la N 141 et nous voici à Angoulême.

ANGOULÊME

C'était la capitale de l'Angoumois dès le IXe siècle ; c'est maintenant la préfecture du département de Charente. Il y aurait beaucoup à écrire sur cette importante ville bâtie sur un promontoire ; une promenade aménagée sur les remparts commande un vaste horizon. Sa cathédrale Saint-Pierre, ornée selon une composition géométrique, s'accompagne de 75 statues et bas-reliefs qui occupent arcatures et médaillons. L'ancien évêché (XIIe-XVe s.) abrite le musée municipal. L'Hôtel de Ville ne date que du siècle dernier, mais il a été érigé sur l'emplacement de l'ancien château des comtes d'Angoulême, dont il subsiste le donjon octogonal (XIIIe s.) et une tour (XVe s.). Celle-ci, garnie de créneaux, est dite tour de Valois, car c'est là que naquit, en 1492, Marguerite d'Angoulême, sœur de François Ier. Aussi n'est-il pas étonnant que Cartier ait donné à un élargissement

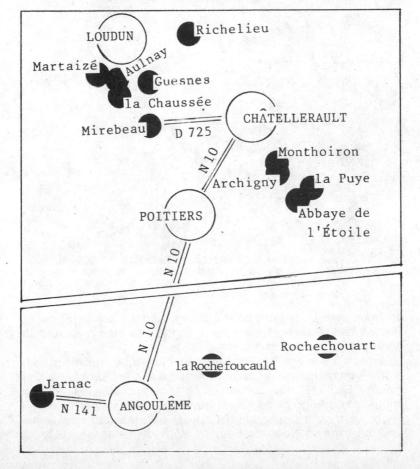

Cette tour du XVe siècle évoque l'ancien château des comtes d'Angoulême.
Elle est dite « tour de Valois », car ici, en 1492,
naquit Marguerite d'Angoulême, sœur de François Ier

du Saint-Laurent le nom de lac d'Angoulême (l'actuel lac Saint-Pierre). La statue de Marguerite d'Angoulême orne d'ailleurs les parterres de l'Hôtel de Ville.

Mais tel n'est pas le seul lien historique qui s'est tissé entre Angoulême et le Québec. Ainsi, elle s'est jumelée à Chicoutimi. En 1657, Noël Simard dit Lombrette quittait les environs immédiats d'Angoulême (la maison ancestrale existe toujours à Puymoyen, petit bourg situé tout de suite au sud de la ville) pour se fixer en Nouvelle-France ; après avoir passé quelques années sur la côte de Beaupré, lui et sa femme, Marie-Madeleine Racine, se fixèrent à Baie-Saint-Paul ; c'est de là que devaient partir plus tard les hardis pionniers qui ouvrirent la région du Saguenay à la civilisation. Aussi Angoulême a-t-elle une allée Noël-Simard, même une rue Lombrette ! L'ancêtre des Simard est ainsi sur un pied d'égalité avec l'illustre vaincu des plaines d'Abraham, car la ville a donné le nom de Montcalm à une autre de ses artères.

Et cet attachement d'Angoulême pour la Nouvelle-France s'exprime par la toponymie de trois autres rues : celles du Canada, du Québec et de Montréal. Un mot additionnel pour l'anecdote ; en 1988, deux Québécois ont ravivé le jumelage Chicoutimi-Angoulême à bord d'un monomoteur : ils ont quitté le petit aéroport de Saint-Honoré, à Chicoutimi, et, après plus de 7 000 km et une trentaine d'heures de vol, ils se posaient à Angoulême, au grand étonnement de leurs « cousins » de là-bas ! Une façon originale de revenir aux sources !

Ici se présente l'occasion d'une autre agréable excursion. Elle nous conduira cependant aux confins de l'Angoumois et du Périgord, soit à AUBETERRE-SUR-DRONNE, dont le château a vu naître François de Salignac de Lamothe-Fénelon, demi-frère du célèbre archevêque de Cambrai, et qui fut missionnaire en Nouvelle-France. Depuis Angoulême, la D 674 conduit, vers le sud, à Chalais (46 km), où débute la D 2. Prendre celle-ci sur la gauche, soit vers l'est : notre destination n'est plus qu'à 11 km.

C'est en 1668 que ce personnage, arrivé à Québec l'année précédente, reçut l'onction sacerdotale des mains de Mgr de Laval. Il œuvra dans la région des Grands Lacs, puis se consacra à la formation des jeunes autochtones. Le gouverneur de Frontenac lui concéda à cette fin les trois îles de Courcelles,

De cette maison située à Puymoyen, en toute proche banlieue d'Angoulême, partit l'ancêtre Noël Simard dit Lombrette, en 1657.

non loin de Lachine. Il devait malheureusement se brouiller par la suite avec l'irascible comte.

Ce missionnaire, fort perspicace, fut le premier à suggérer dans un document le creusage d'un canal pour faire échec aux rapides de Lachine. À Dorval, un grand boulevard porte son nom, et on a donné à une école celui de Gentilly, que portait un poste établi par le sulpicien.

Depuis l'esplanade du château s'offre une très belle vue panoramique au-delà de la Dronne. Voir l'église Saint-Jean, curieux édifice monolithe taillé dans le roc (on y a trouvé des sépultures datant du VIIᵉ siècle). Dans la chapelle de l'ancien couvent des minimes, on peut apercevoir les armes des Fénelon : « D'or, à trois bandes de sinople. »

L'église Saint-André, à Angoulême.
Une demi-douzaine de pionniers de la Nouvelle-France y ont été baptisés.

POITOU

P O I T I E R S

Quittons Angoulême en roulant franc nord sur la N 10 :
nous passerons ainsi d'Angoumois en Poitou. La distance
jusqu'à Poitiers est de 110 km. Nous avons déjà franchi la bande
littorale du Poitou pour passer de la Bretagne à l'Aunis, là où
nous avons signalé les attraits du Marais poitevin.

Au XIIIe siècle, le Poitou fut inclus dans le duché d'Aquitaine. Passé sous domination anglaise, il fut reconquis par Du
Guesclin et Charles VII le réunit à sa couronne en 1422.

Poitiers fut l'ancienne capitale du Poitou, l'une des plus
riches villes d'art de France. Le visiteur québécois a plus d'une
raison de l'inclure dans son itinéraire : il nous est venu du Poitou
quelque 600 pionniers, depuis la fondation de Québec jusqu'à
la fin du XVIIe siècle.

Le plus remarquable monument de la ville ancienne de
Poitiers est sans doute la cathédrale Saint-Pierre (XIIe et XIIIe
s.), qui allie le roman poitevin au gothique angevin et possède
une remarquable collection de verrières, de même que trois
beaux portails, mais deux autres édifices religieux retiennent
l'attention : le baptistère Saint-Jean (IVe s.), probablement le
monument chrétien le plus ancien de France, et Notre-Dame-la-
Grande, dont la façade s'orne de sculptures inspirées de l'Ancien et du Nouveau Testament ; sa voûte centrale s'appuie sur
des colonnes polychromes.

Mais Poitiers n'est pas demeurée en retrait de l'actualité ;
sa périphérie se dote de vastes quartiers résidentiels modernes,
et son Futuroscope, qui ravirait Jules Verne, s'est jumelé en
1988 au musée canadien des Civilisations, situé à Hull. Ce
centre a été ouvert à la périphérie nord de la ville, en bordure
de la N 10.

Depuis Poitiers, c'est en quelque sorte un itinéraire acadien
que nous vous proposons. Quinze ans après le « grand dérangement », de nombreux Acadiens végètent encore dans les ports
de France. Étonné de ce que son conseil n'ait pas encore
réinséré dans le tissu social du royaume ces sujets qui lui sont
demeurés fidèles, Louis XV ordonne que l'on crée à leur intention un établissement agricole. Bertin, ministre de l'Agriculture,
fait appel pour cela à un marquis poitevin, Pérusse des Cars.
Il en résultera ce que l'on désigne de nos jours sous le nom
de Ligne acadienne.

À Poitiers, empruntons vers l'est la N 151 jusqu'à Chauvigny, et là, la D 2 jusqu'à LA PUYE (39 km). À partir d'ici, des
deux côtés de la D 9 en direction d'Archigny, se présentent une
trentaine des quelque soixante maisons construites à l'intention
de ces Acadiens. Chaque famille (dix personnes en moyenne)

Chef-d'œuvre de l'art roman, Notre-Dame-la-Grande, à Poitiers,
est célèbre pour sa façade sculptée.

devait recevoir une ferme complète composée d'une maison, d'une grange, d'une étable, d'un puits, de deux paires de bœufs, de deux vaches, d'une charrette, d'une charrue et de trente arpents de terre à défricher.

Les murs de ces maisons sont de pisé, c'est-à-dire faits de coffrages avec un mortier de terre sablo-argileuse pétri au moyen de branches hachées.

L'une de ces maisons a été convertie en musée ; elle se complète d'un four dont il ne subsiste que des vestiges, mais qui porte une inscription :

En 1773, par ordre du Roi Louis XV, sur
ce plateau alors couvert de brandes, était
entreprise, aux frais de l'État, avec
l'aide compétente et dévouée du Marquis de
PÉRUSSE des Cars, Seigneur de Monthoiron,
la création d'un vaste Établissement agricole,
devant comprendre 150 fermes dans le but
généreux de donner à 1 500 Exilés Acadiens,
ruinés par la guerre et la captivité, la
possibilité de mener à nouveau dans la
Mère Patrie une existence paisible et stable
de laboureurs propriétaires.
4 juillet 1973.

Cette année 1973 marquait le bicentenaire de l'arrivée des premiers Acadiens dans cette région. Au départ, le projet était de créer 150 fermes et de mettre 2 500 hectares en culture, mais il ne fut réalisé qu'au tiers.

Avant de nous engager ainsi sur la D 9, allons jeter un coup d'œil sur ce qui reste de l'abbaye de l'Étoile, que fréquentaient sans doute les Acadiens et dont un Québécois fut abbé

L'une des maisons de la Ligne acadienne. Celle-ci a été convertie en musée.

commendataire, le chanoine Joseph-Marie de La Corne, doyen du chapitre de Québec, qui se fixa à Paris à l'automne 1750 pour y veiller aux intérêts de l'évêché de la Nouvelle-France ; nous retrouverons ce personnage plus loin, à Méobecq.

À partir de La Puye, une petite route non numérotée conduit au petit bourg de Cenan ; au-delà de celui-ci, elle coupe un ruisseau, l'Ozon ; l'abbaye est située sur la rive gauche de ce petit cours d'eau, à 500 mètres de la route. Une haute croix de pierre en signale la présence. Autrefois prospère, cette abbaye est devenue une métairie privée, et par le portail roman qui donnait sur la salle capitulaire où les moines se réunissaient pour les assemblées de leur chapitre ne s'entend plus que la rumeur plaintive des bestiaux.

Reprenons donc la D 9 en direction nord-ouest sur 12 km, jusqu'à son intersection avec la D 3, et tournons à gauche sur celle-ci ; 3 km et nous voici à ARCHIGNY ; c'est sur son territoire que débute la Ligne acadienne, aussi a-t-elle son avenue des Acadiens, un tronçon de la D 3.

Continuons sur celle-ci vers l'ouest jusqu'à Bonneuil-Matours (7 km), où passe la D 749. Celle-ci conduit jusqu'à Châtellerault en 16 km, mais après les 7 premiers se détache sur la droite la D 15 : la petite commune de MONTHOIRON, à laquelle a donné naissance la seigneurie du marquis Pérusse des Cars, n'est qu'à 6 km.

Par le portail roman de l'ancienne salle capitulaire de l'abbaye de l'Étoile ne nous parvient plus que la rumeur plaintive des bestiaux.

CHÂTELLERAULT

Cette ville, sous-préfecture de la Vienne, n'est pas qu'une étape importante sur les chemins de l'odyssée acadienne. Elle possède quelques monuments historiques dignes de mention : l'église Saint-Jean-Baptiste (XVe et XVIe s.), l'église Saint-Jacques (XIIe et XIIIe s.), la maison de la famille Descartes, où le philosophe passa une partie de sa jeunesse, et surtout le beau pont Henri-IV, à neuf arches, en pierre, qui date du début du XVIIe siècle et n'a rien perdu de sa solidité ; il enjambe la Vienne.

C'est tout à côté de celui-ci que, de l'automne 1773 au printemps 1774, arrivèrent 1 472 réfugiés acadiens, rapatriés depuis Belle-Île et venant de Saint-Malo, du Havre et de Cherbourg, qui espéraient se fixer dans la seigneurie de Monthoiron. Malheureusement, le projet conçu à leur intention, nous l'avons vu, ne devait être que partiellement réalisé. Aussi, 913 d'entre eux repartirent en 1775-76, cette fois pour la Louisiane !

Châtellerault a son Musée acadien, agréablement logé dans l'hôtel de Sully, et sa rue des Acadiens, dont les plaques portent l'inscription suivante :

Depuis Châtellerault, franchissons le pont Henri-IV, continuons tout droit sur la D 725 jusqu'à Mirebeau (30 km), et engageons-nous sur la N 147 vers le nord. Nous entrons bientôt dans le Loudunais, région d'où sont partis les premiers colons de la Nouvelle-France. À 10 km au nord de Mirebeau se présente

Le beau pont Henri IV, qui franchit la Vienne à Châtellerault.
Il date du début du XVIIᵉ siècle.

la D 20 ; empruntons-la sur la gauche. À peine 3 km et nous entrons dans la commune de LA CHAUSSÉE ; d'ici, de même que des bourgs voisins de Martaizé, de Guesnes et d'Aulnay, sont partis des pionniers recrutés sur son fief pour l'Acadie par Charles de Menou d'Aulnay. Un parent de celui-ci originaire de La Chaussée, Martin Le Godelier, aurait même créé la première colonie agricole permanente dans la lointaine colonie. Greffée à l'église communale, dont le chœur date du XIᵉ siècle, la Maison de l'Acadie a été inaugurée en 1983 pour favoriser les retrouvailles ; elle abrite un modeste musée auquel celui de Caraquet a fourni quelques pièces.

Cette même D 20, 2 km plus loin, passe par AULNAY, dont l'élégant château déploie sa façade au bout d'une profonde allée. Dès 1632, Charles de Menou d'Aulnay fut le bras droit d'Isaac de Razilly, dont nous avons évoqué la mémoire à Auray, en Bretagne, puisque c'est de là qu'il partit, cette année-là, pour reprendre possession de la Nouvelle-France. Près de la moitié des colons que le sieur d'Aulnay fit passer en Acadie venaient de sa seigneurie, de sorte que, disent certains généalogistes, après plus de trois siècles de brassage, chaque Acadien a probablement dans les veines une part importante de sang loudunais.

Depuis Aulnay, par la D 20, on peut visiter MARTAIZÉ, qui, nous l'avons mentionné, a fourni des colons à l'Acadie. On peut aussi, par la D 46, atteindre GUESNES. Rappelons que La Chaussée, Martaizé, Aulnay et Guesnes sont des communes voisines formant grappe.

LOUDUN

D'Aulnay, par la D 46, revenons à la N 147 et continuons vers le nord : nous ne sommes plus qu'à 12 km de LOUDUN, dont la citadelle, au XVIIᵉ siècle, commandait militairement et économiquement la région. La ville possède plusieurs monuments anciens, dont le plus digne de mention est la maison (XVIᵉ et XVIIᵉ s.) de Théopuraste Renaudot, que l'on considère généralement comme le premier journaliste de France et qui, en 1631, créa *La Gazette de France* ; dans celle-ci, l'année suivante, il commentait le départ d'Isaac de Razilly ; nous avons déjà cité un extrait de son compte rendu.

François de Razilly, le père d'Isaac, fut gouverneur de Loudun, et cette famille y a été propriétaire, aux XVᵉ et XVIᵉ siècles, d'un magnifique hôtel particulier que les élus ont acheté et heureusement restauré pour la tenue de réunions de travail.

Loudun entretient des rapports privilégiés avec les Acadiens et les Québécois. Déjà jumelée à Thibodaux, en Louisiane, la ville s'est empressée, il y a quelques années, d'en faire autant à l'endroit de Shippagan, petite ville du Nouveau-Brunswick.

Continuons de remonter la N 147 jusqu'aux confins du Poitou, sur 12 kilomètres : nous atteignons ROIFFÉ, une toute petite commune, mais dont l'intérêt, pour les Québécois, est inversement proportionnel à sa taille. En effet, tout près d'ici se trouve le château des Eaux-Melles, où, en 1587, naquit Isaac de Razilly, le célèbre personnage qui présida, à partir de 1632, à la deuxième naissance de l'Acadie. Celui qui avait survécu à

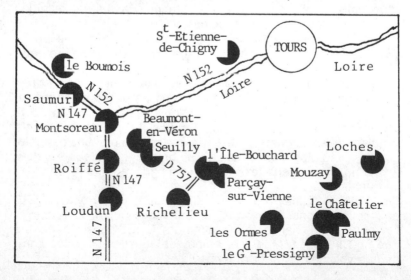

« L'Échevinage ». C'est ainsi que Loudun désigne le bel hôtel particulier des Razilly, méticuleusement restauré pour la tenue de réunions de travail.

tant d'actions d'éclat et que Richelieu avait consulté pour doter la France d'une marine puissante devait mourir à La Hève en décembre 1535. Le même mois, Samuel de Champlain décédait à Québec. D'un seul coup, la Nouvelle-France perdait deux protecteurs aussi puissants que dévoués.

Depuis Roiffé, poussons une autre pointe en Anjou. La N 147 devient la N 947 et celle-ci conduit à Montsoreau (11 km), sur les bords de la Loire, qu'elle longe : 11 autres kilomètres et nous atteignons SAUMUR, vieille ville que domine la masse imposante de son château, et où logent deux musées : celui des Arts décoratifs et celui du Cheval, car son École de cavalerie bénéficie d'une réputation internationale. Beaucoup d'officiers canadiens l'ont fréquentée.

Trois églises anciennes retiennent l'attention, et en particulier, pour les Québécois, celle de Notre-Dame-de-Nantilly, romane, qui date de la première moitié du XIIe siècle. Ici, le 17 novembre 1765, fut inhumé Louis de Saint-Ange Charly, né à Montréal en 1703, qui fut le syndic des marchands de cette ville, joua un rôle important dans le commerce des fourrures à travers l'Ouest canadien et fut seigneur des îles Bourdon, situées dans le Saint-Laurent, en aval de Montréal.

Depuis Saumur, avant de revenir à Roiffé, peut-être souhaitera-t-on franchir la Loire et emprunter sur la gauche la N 152, qui longe la rive droite du fleuve. À seulement 5 km, juste avant d'atteindre la commune de Saint-Martin-de-la-Place, sur la droite, se dresse le château du BOUMOIS. C'est le lieu de naissance de l'un des premiers touristes français venus au Canada après la Conquête, Aristide Aubert Dupetit-Thouars. Ce valeureux officier de marine, l'héroïque commandant du *Tonnant*, mourut en 1798 à la célèbre bataille d'Aboukir, lorsqu'il eut les jambes arrachées par un boulet, ordonnant à ses hommes de ne jamais amener le pavillon.

Trois ans auparavant, il avait visité les Amériques et s'était extasié devant les chutes du Niagara, dont il laissa une vivante description dans le récit qu'il signa au retour. Il aurait voulu voir Montréal et Québec, mais le gouverneur général du Canada lui refusa ce privilège. C'est avec tristesse qu'il accueillit cette nouvelle : « Je ne sais pas pourquoi je commence à me trouver si mal à l'aise dans un lieu où la grandeur et la noblesse se trouvent réunies à la plus attentive hospitalité. Est-ce l'oppression d'une atmosphère anglaise sur la respiration d'un Français ? Est-ce le regret de voir ces beaux lacs, où des Français firent flotter pour la première fois des vaisseaux dignes de leur étendue, soumis au même pavillon qui flotte à présent sur Pondichéry et sur nos plus fortes places des Indes occidentales ? Est-ce le chagrin, que force m'est de garder en moi, de voir les Canadiens dans la posture de la sujétion vis-à-vis de leurs fiers conquérants ? » On sait que Pondichéry était passé sous domination anglaise en même temps que le Canada lors du traité de Paris.

Revenons à Roiffé, d'où, par la D 48, nous quitterons le Poitou pour entrer en Touraine.

Le château du Boumois.
Ici naquit le valeureux Dupetit-Thouars, qui visita le Canada en 1795.

TOURAINE
BERRY

On ne saurait dissocier ces deux anciennes provinces dans ce guide conçu spécifiquement pour les Québécois, car les différentes étapes qu'il propose se présentent au fil d'un itinéraire routier qui pénètre tout d'abord en Touraine, se poursuit en Berry, puis revient en Touraine et franchit la Loire.

Nous avons emprunté la D 48 à Roiffé. Au hameau de la Haute-Brosse, engageons-nous sur la D 117 jusqu'à SEUILLY (8 km), où se trouve le château de Vélor, celui de Claude de Razilly, le frère d'Isaac et son seul héritier. Isaac ne s'était pas marié, en raison de ses vœux dans l'ordre de Malte. La mort l'avait terrassé en Acadie en 1535.

Claude de Razilly était né à Tours, et c'est là qu'il décéda en 1654 après avoir été ambassadeur en Angleterre. On l'inhuma dans la chapelle Saint-Charles de l'église Saint-Saturnin, mais celle-ci fut démolie dans le sillage de la Révolution, de sorte que sa tombe demeure introuvable. C'est Claude de Razilly qui, au décès de son frère, devint responsable de l'Acadie ; il avait d'ailleurs investi d'importants capitaux dans la compagnie chargée de la mise en valeur de la colonie. Retenu en France par ses affaires, il avait chargé Menou d'Aulnay de l'y représenter. En 1642, il lui vendit sa part d'intérêt.

Le fief de Vélor avait appartenu dès le milieu du XVe siècle à un membre de la famille, Jean de Razilly. Le château fut achevé en 1481 par Louis Ier de Bourbon-Montpensier. Claude de Razilly en devint propriétaire en 1627 et le domaine demeura dans la famille au moins jusqu'à la fin du XVIIIe siècle. En 1927, le célèbre écrivain belge Maurice Maeterlinck l'acheta. Plus tard, il fut la propriété de Pierre Latécoère, le réputé constructeur d'avions qui établit une ligne aérienne entre la France et Dakar, avec prolongation sur le Brésil. En 1967, le département de la

Le château de Vélor a été remarquablement conservé.
Il fut la propriété de Claude de Razilly, le frère d'Isaac.

À Beaumont-en-Véron subsiste toujours le château
qui a donné son nom à la grande famille de Razilly.

Seine en fit l'acquisition pour y établir une école destinée à la rééducation des jeunes déficients mentaux. On le désigne aujourd'hui sous le nom de Coudray-Montpensier, qui est celui de l'association chargée du maintien de l'institution.

Continuons vers l'est sur la D 117 jusqu'à la D 759 (2 km) et tournons à gauche sur celle-ci ; après 1 km, elle donne directement sur la D 751, qui contourne Chinon ; saluons dans cette dernière ville François Rabelais, qui y a sa statue et qui, dans ses ouvrages, s'est inspiré des récits de Jacques Cartier, auquel, d'ailleurs, il aurait rendu visite à Paramé.

Après 3 km depuis qu'on s'y est engagé, la D 751 franchit la Vienne. Alors se présente sur la gauche la D 749. Trois autres kilomètres et nous voici à BEAUMONT-EN-VÉRON. On aperçoit tout à coup dans la plaine, sur la droite, un grand château. C'est de lui que la famille de Razilly tire son nom. Il lui appartint pendant des siècles et fut son berceau.

Ce fief appartenait déjà, au XIIe siècle, au chevalier Herbert de Razilly. Au début du XVe siècle, le roi donnait au propriétaire d'alors, Jehan de Razilly, l'autorisation de fortifier son château, et en 1446 Charles VII y résida quelques mois, y recevant même des ambassadeurs du roi d'Angleterre ; il remania le bâtiment, fit construire les tours carrées que l'on voit encore aujourd'hui et transforma le prieuré.

Le château de Razilly abrita d'autres personnages qui sont passés à l'histoire : Louis XI, Charles VIII, de même qu'Agnès Sorel, la favorite de Charles VII, René d'Anjou, roi de Sicile, et Gaston VI, comte de Foix, qui épousa Éléonore d'Aragon, reine de Navarre. Marguerite d'Anjou, reine d'Angleterre, et son fils le prince de Galles s'y réfugièrent également pendant la guerre des Deux-Roses.

À la pentecôte de l'an 1446 eut lieu, entre Razilly et Chinon, l'un des derniers grands tournois de chevalerie : l'Emprise de la Gueule du Dragon, ou le Pas du Rocher périlleux. Quatre seigneurs avaient dressé sur la route un énorme dragon qui gardait leurs écus armoriés. Aucune dame ou demoiselle ne pouvait franchir ce carrefour sans être accompagnée d'un chevalier servant ou d'un écuyer prêt à rompre deux lances pour elle. Si l'une venait à passer seule, elle devait laisser un gage qui lui était rendu lorsqu'elle revenait avec un chevalier prêt à se livrer à une joute en champ clos.

Le vainqueur du tournoi fut René Ier, dit le Bon, qui avait hérité en 1435 du royaume de Naples mais n'avait pu le conquérir sur Alphonse V d'Aragon. « Pour ce qu'il estoit encore affligé de tant de pertes et de tant de malheurs », il se présenta revêtu d'une armure noire, tenant une lance noire et monté sur un cheval également carapaçonné de noir. Mais cette livrée empreinte de tristesse ne le priva pas du plaisir de participer à la joute « pour l'amour de toutes les dames en général et particulièrement pour l'estime qu'il faisoit de Jeanne, fille de Guy XIV du nom, comte de Laval, et d'Isabelle de Bretagne, laquelle, huit ou neuf ans après, il espousa en secondes nopces, après la mort d'Isabelle de Lorraine, sa première femme. »

C'est le cardinal de Richelieu qui nous accueille quand on entre dans la ville qu'il a créée de toute pièce et qui porte son nom, éloquent témoignage de l'urbanisme du XVIIe siècle.

Avant de tourner la page sur ce tournoi, soulignons que Claude de Razilly, mentionné précédemment, vice-amiral, gouverneur des îles de Ré et d'Oléron, qui avait secondé son frère Isaac en Acadie, était propriétaire du château en 1654 au moment de son décès, et que sa veuve en hérita.

Puisque nous sommes déjà en Touraine, ne revenons pas en Poitou par l'itinéraire qui nous y a conduits. Par la D 749, revenons à la D 751, celle qui contourne Chinon, et prenons sur la droite, au sud de cette commune : la D 751, en 3 km, atteint le bourg de Saint-Lazare, où son prolongement redevient la D 749. En 19 km, on arrive à Richelieu.

RICHELIEU est l'une des villes les plus originales de France. À l'entrée, du haut de son piédestal, le célèbre cardinal accueille les visiteurs. Nous lui devons bien une visite, car, à l'époque de Samuel de Champlain, insatisfait des efforts colonisateurs des syndicats qui bénéficiaient du monopole de la traite des fourrures en échange de l'engagement de faire passer des colons en Nouvelle-France, il prit celle-ci sous son aile et établit la Compagnie des Cent-Associés.

Cette ville complètement enclose en un rectangle, le cardinal ministre l'a créée de toutes pièces en 1631. Vingt-huit hôtels de style uniforme bordent la Grande-Rue. C'est un véritable témoignage de l'urbanisme du XVIIe siècle. Son église Notre-Dame est de style classique. Ses halles à charpente de bois couvertes d'ardoises, sa place du marché, le vaste parc du cardinal valent qu'on s'y arrête et que l'on y musarde.

En sortant de Richelieu, prendre la D 757, qui conduit, en 16 km, sur les bords de la Vienne, à L'ÎLE-BOUCHARD. Ce fut tout d'abord une simple châtellenie, mais le titre de baronnie lui fut octroyé dès le XIIIe siècle ; quatre siècles plus

Abside de la chapelle de l'ancien prieuré Saint-Ambroise, à L'Île-Bouchard.

tard, soit en 1629, le cardinal de Richelieu l'acquiert, et c'est
ainsi qu'Armand Jean du Plessis, déjà duc de Richelieu, devint
baron de L'Île-Bouchard. Le cardinal avait pour nièce Marie-
Madeleine de Vignerot, duchesse d'Aiguillon, que l'on considère
comme la fondatrice de l'Hôtel-Dieu de Québec. Or, en décé-
dant, le cardinal légua sa baronnie de L'Île-Bouchard au neveu
de la duchesse, qui portait les mêmes prénoms que lui : Armand
Jean du Plessis ; celui-ci hérita non seulement du titre de baron
de L'Île-Bouchard mais aussi de celui de duc de Richelieu.

Au moins deux autres aspects de la riche histoire de
L'Île-Bouchard retiennent l'attention des historiens québécois.
La baronnie possédait sa commanderie de templiers, qui passa
à l'ordre de Saint-Jean de Jérusalem. En 1569, les huguenots
en incendièrent les bâtiments, que l'on reconstruisit deux ans
plus tard. Nous avons déjà rappelé qu'en 1632 Isaac de Razilly
avait fait voile, à Auray, en Bretagne, pour reprendre possession
de la Nouvelle-France. Or, au mois d'octobre précédent, le grand
maître de l'ordre l'avait nommé à la commanderie de L'Île-
Bouchard, en remplacement de Toussaint de Terves de Boisgi-
rault, qui avait accédé à ce poste en 1616 et qui venait d'être
promu à la commanderie d'Angers. C'est Claude, le frère
d'Isaac, qui, en son absence, prit possession de la commanderie, le 13 novembre 1632.

L'Île-Bouchard avait aussi son prieuré, celui de Saint-
Ambroise. Or, les revenus qui en découlaient et ceux d'un fief
qui en dépendait furent cédés, au milieu du XVIIIe siècle, au
séminaire des Missions-Étrangères de Québec ; ce prieuré avait
ses armoiries : « D'azur, à un bâton de prieur, accosté des lettres
S et A, de même. » Disons tout de suite que la couronne voulut
favoriser l'établissement et l'essor de l'évêché de Québec au
moyen des revenus d'abbayes françaises. Nous avons déjà
signalé le cas de l'abbaye de l'Étoile ; nous en reparlerons à
Parçay-sur-Vienne, de même qu'à Méobecq et à Bénévent-
l'Abbaye.

À L'Île-Bouchard, empruntons là D 18 vers l'est ; après
4,50 km, nous entrons dans PARÇAY-SUR-VIENNE. Dès le Xe
siècle, il existait ici un monastère, auquel succéda plus tard un
simple prieuré, dont le fief relevait de la châtellenie de L'Île-
Bouchard. Or, en 1762, ce prieuré appartenait également au
séminaire des Missions-Étrangères de Québec, et c'est l'abbaye
de Méobecq qui avait le privilège de choisir tout candidat à la
cure. Parçay-sur-Vienne possède l'une des plus belles églises
romanes de la vallée de la Vienne. Les bénédictins de Marmou-
tiers achetèrent le prieuré en l'an 1107, et c'est après que les
moines architectes entreprirent la construction de l'église abbatiale.

Au-dessus de la porte de l'église se remarque une archivolte à trois voussures, la troisième constituant une galerie dite
des Barbus de Parçay, 33 têtes de vieillards tantôt souriantes,
tantôt effarées. De l'ancien prieuré, il subsiste un bâtiment
important de 22 mètres de longueur sur 8, contenant notamment
trois salles de style féodal.

Une archivolte à trois voussures
domine la porte de l'église de Parçay-sur-Vienne.

C'est au XIVe siècle que le prieuré tomba sous la dépen-
dance de l'abbaye de Méobecq, et c'est dès 1674, année de
la fondation du diocèse de Québec, que l'archevêque de Tours
accepta de rayer le titre de ce prieuré de son diocèse, ordonnant
que les revenus en découlant fussent versés à Mgr de Laval.

Reprenons la D 18, qui suit le cours de la Vienne. Après
18,50 km, un pont permet de franchir la rivière et débouche sur
la commune des ORMES-SUR-VIENNE ; or, celle-ci s'appelait
autrefois Les Ormes-Saint-Martin et se trouvait au Poitou. Ainsi,
à cause d'impératifs routiers, nous venons d'entrer quelque peu
dans cette ancienne province. C'est qu'aux Ormes nous prenons
contact avec une famille qui a fourni à la France de grands
commis de l'État et à la Nouvelle-France un gouverneur : la
famille de Voyer d'Argenson.

On y trouve en effet un magnifique château, qui fut celui
de Marc Pierre de Voyer d'Argenson, lequel acheta le domaine
en 1729. Ce personnage fut lieutenant général de police et
ministre de la Guerre ; il fonda l'École militaire en 1751 et
réorganisa l'armée. C'est en 1757 qu'il se fixa ici, après avoir
perdu une partie de bras de fer qu'il avait courageusement
engagée contre la Pompadour. Il décéda en 1764, et c'est son
fils aîné, Marc René, qui hérita du château. Ce dernier, en plus
d'occuper d'importantes fonctions, fut reconnu comme un remarquable praticien de l'architecture.

Retournons vite en Touraine, où nous allons continuer à
« renifler » les traces de cette grande famille.

Depuis les bords de la Vienne, à 4 km au sud des Ormes,
la D 58 conduit à Descartes (9 km), sur les bords de la Creuse.
De là, empruntons la D 31 jusqu'à Ligueil (13 km). Un peu

Le magnifique château des Ormes, qui appartint à Marc Pierre de Voyer d'Argenson, lieutenant général de police et ministre de la Guerre.

au-delà se détache, sur la gauche, la D 95. Après 8 km, nous voici à MOUZAY. Cette commune est modeste, mais elle revêt une importance particulière pour les Québécois. En effet, c'est ici que repose Pierre de Voyer d'Argenson, qui fut gouverneur de la Nouvelle-France de 1658 à 1661. Pendant son séjour à Québec, il s'employa à tenir les Iroquois en échec, tant par les ressources d'une médiation basée sur la fermeté et la méfiance qu'en les attaquant et en les poursuivant.

Rentré en France, il semble avoir suivi l'exemple de son père, René, qui avait été honoré de la confiance de Richelieu et de Mazarin, en reprenant du service sur les champs de bataille. En 1709, demeuré célibataire, il fit son testament et demanda d'être inhumé à Mouzay.

Dans l'église, une inscription rappelle sa mémoire :

D. O. M.

PIERRE DE VOYER DE PAULMY
ISSU DES COMTES D'ARGENSON
VICOMTE DE MOUZÉ
Cy devant Grand Bailly de Touraine
et le dernier de ceux de sa famille
qui ont possédé cette charge pendant plusieurs siècles.
Gouverneur et lieutenant général de la Nouvelle-France.
Après avoir remply avec honneur plusieurs employs militaires,
a passé en cette retraite
les quarante neuf dernières années de sa vie
dans la pratique de toutes les vertus
et surtout dans l'exercice d'une charité tendre et
continuelle pour les pauvres
dont il soulageait les besoins et pençois les playes de ses mains.
Il est mort plein de jours et de mérite
le 27 de mars 1710 âgé de 83 ans.
Il s'est recommandé
aux prières des habitants de ce lieu
et c^{te} recommandation est un des principaux
articles de son testam^t.

L'épitaphe porte la signature de Jacques de Voyer de Paulmy, chevalier de l'ordre de Saint-Jean de Jérusalem, capitaine des galères de Malte, et de Marc René de Voyer de Paulmy, marquis d'Argenson, à présent vicomte de Mouzay, lieutenant général de police de Paris et principal héritier du disparu, qui ont « érigé ce monument à sa mémoire suivant ses intentions ».

De l'ancien château de Mouzay, il ne reste aujourd'hui que des vestiges de sa tour, où se distinguent toujours les armoiries de la famille : « Écartelé : aux 1 et 4 d'azur, à deux lions léopardés d'or, couronnés de même, armés et lampassés de gueules, qui est de Voyer ; aux 2 et 3 d'argent, à une fasce de sable qui est d'Argenson. »

De Mouzay, retournons à Ligueil (8 km) et empruntons la D 50 jusqu'à Ferrière-Larçon (7,50 km). Là passe la D 100, qui, vers l'ouest, en 4 km, conduit à PAULMY, où naquit le gouverneur de la Nouvelle-France. Cette commune a des origines fort anciennes : le premier seigneur connu fut le chevalier Étienne Voyer, dont le nom figure dans une charte datant de l'an 1244. L'ancien château, construit par Pierre de Voyer en 1449, fut démoli au XVIIᵉ siècle. Quant à l'église, placée sous le vocable de la Sainte-Croix, elle fut érigée en 1585-86 ; c'est sans doute ici qu'en 1625 le futur gouverneur reçut le baptême.

Le premier château était une véritable forteresse flanquée de deux énormes tours, et en 1579 René de Voyer obtint du roi Henri IV l'autorisation de l'enclore d'une muraille « pour résister aux incursions, voleries et pilleries des gens vagabonds et malveillants que par la licence des mauvais temps et troubles passés courent les champs ».

Un seigneur subséquent, Louis de Voyer, jugeant sans doute une telle demeure peu confortable, décida de se loger au goût du jour et entreprit en 1615 la construction d'un nouveau château, qui fut transformé au fil des ans. Celui-ci possédait sûrement un impressionnant colombier, signe de noblesse, car l'un des seigneurs paria un jour, à la cour, qu'il pourrait en faire le tour en carrosse, ce qu'il réussit au grand ébahissement de tous !

La terre de Paulmy était l'une des plus plaisantes du royaume, avec son parc de plus de 100 hectares. Les Voyer d'Argenson de Paulmy, retenus ailleurs par d'importantes fonctions, y revenaient vivre à l'heure des grandes chasses à courre. Ils y gardaient leurs archives, notamment leurs chartes familiales.

Pendant la Deuxième Guerre mondiale, la maison d'édition Hachette, forcée de quitter Paris, y abrita ses principaux services ; elle en demeura propriétaire jusqu'en 1954. De nos jours, pendant la belle saison, ce sont de joyeux cris d'enfants qui nous y accueillent, car le château est maintenant la propriété de la préfecture de la Seine, qui en a fait un centre de vacances.

Reprenons la D 100, toujours vers l'ouest. À 3 km de Paulmy, une énorme tour carrée s'inscrit dans le firmament ; à

Le Châtelier. Il fut, en Touraine, l'une des places fortes des religionnaires.

sa base se déploie un château qui a appartenu aux Voyer : le CHÂTELLIER. Jadis entouré de douves alimentées par des eaux vives, c'était l'un des mieux fortifiés de la contrée. Il devint, en Touraine, l'une des places d'armes des religionnaires. Une double enceinte le protégeait, et on n'y accédait que par des ponts-levis. Au XVIe siècle, l'un des seigneurs fut Charles de Téligny, qui épousa en 1555 Louise de Coligny, fille de Gaspard de Coligny, amiral de France, lequel, passé à la Réforme, fut l'un des principaux chefs huguenots.

C'est en 1793 que l'on fit abattre les fortifications, dans la crainte qu'inspirait l'approche de l'armée vendéenne. Mais le mortier était si dur que les ouvriers renoncèrent à la démolition de la tour, leurs outils s'émoussant sur la maçonnerie !

En 1750, Marc Pierre de Voyer d'Argenson, déjà propriétaire, ainsi que nous l'avons vu, du château des Ormes, achetait le Châtellier. Il décéda en 1764, et son fils Marc René en hérita. Ce dernier le légua ensuite à son propre fils, Marc René Marie, baron de l'Empire, décédé à Paris en 1842.

Jetons un dernier coup d'œil au château ; on en a une excellente vue d'ensemble au pied de la petite rue des... Attrape-Chiens.

Revenons à Paulmy et engageons-nous sur la D 60, en direction sud ; en 7,50 km, on atteint LE GRAND-PRESSIGNY, que dominent les vestiges d'un château fort défendu par un donjon carré haut de 35 mètres (XIIe s.). Cette commune possède l'une des plus riches collections de silex taillés et polis du monde. Si nous nous arrêtons ici, c'est que Le Grand-Pressigny a eu pour curé le sulpicien Claude Trouvé, qui avait œuvré pendant douze ans sur les bords du lac Ontario. Rentré en France, il devait repasser l'Atlantique en 1687, exerçant cette fois son ministère en Acadie, où il décéda en 1704.

Du Grand-Pressigny, la D 103 conduit à CHARNIZAY (15 km). Nous retrouvons ici le souvenir de Charles de Menou, seigneur d'Aulnay, le bras droit d'Isaac de Razilly. Ce dernier lui confia le gouvernement de Port-Royal, de la Hève, de Penta-gouet et de tout le centre de l'Acadie. Charles de Menou, qui fut lieutenant général du roi en Acadie, vit le jour au château de Charnizay vers 1604. Son père, René, conseiller d'État, était le huitième des seigneurs connus de Charnizay, tous des Menou, le premier, le chevalier Jean de Menou, ayant été chambellan du roi vers le milieu du XVe siècle. Notons tout de suite que son fils Philippe fut seigneur de divers lieux, dont Boussay, notre prochaine destination.

Cette terre de Charnizay demeura propriété de la même famille pendant plus de trois siècles. La fille du douzième seigneur épousa en 1747 Jean Antoine de Charry, marquis des Gouttes, qui en devint le treizième seigneur. En 1785, elle fit établir dans le cimetière paroissial un caveau destiné à la sépulture de sa famille. Il ne reste que peu de chose de l'ancien château : une petite tour carrée rattachée à une maison de ferme. En fait, c'est le château d'une commune voisine qui fut celui de la famille de Menou. Nous nous y rendons tout de suite.

À Charnizay passe la D 41. Prenons-la en direction sud-ouest jusqu'à Preuilly-sur-Claise (8,50 km). De là, la D 725, toujours dans la même direction, frôle (5 km) la petite commune de BOUSSAY (ne pas confondre avec Bossay-sur-Claise), dont l'importance est inversement proportionnelle à la stature de son château.

C'est en l'an 1024 que la famille des barons de Preuilly créa le fief de Boussay. Au XIIIe siècle, Isabeau de Preuilly

Le château de Boussay, qui demeura propriété des Menou pendant cinq siècles et demi.

MESSIRE IEAN DE MENOV A FAIT EDIFIER CE
TOMBEAV A LA MEMOIRE DE TRESVERT'VEVSE DAME
MAGDELENE FVMEE SA FEMME, LAQVELLE AIANT
SEVLEMENT ATTAINT L'AAGE DE DIXSEPT ANS PASSA
DE CESTE VIE A L'IMMORTELLE BEATITVDE L'AN 1592.

apporta le château de Boussay en dot à Geoffroy de Payen.
Un de leurs fils, Jean, en devint par la suite le seigneur. Plus
tard, le château figura dans la corbeille de sa fille Jeanne
lorsqu'elle épousa Nicolas de Menou ; dès lors, la propriété
demeura dans cette famille pendant cinq siècles et demi !

Pendant longtemps, le château était en réalité ce que l'on
appelait une maison forte. On n'y pénétrait que par un pont-levis
jeté sur des douves profondes que l'on voit encore de nos jours.
L'ensemble se composait d'un quadrilatère de bâtiments ; l'aile
située à l'est, qui forme actuellement la masse la plus imposante,
n'avait au Moyen Âge qu'un seul étage ; elle se terminait, à
l'angle sud-est, par une forte tour carrée assez semblable à
celle qui subsiste sur la façade ouest ; des tours rondes dont
les fondations existent encore défendaient les trois autres
angles.

La plus lointaine origine connue de la famille de Menou
remonte au XIe siècle ; au fil du temps, ses membres devaient
occuper de nombreuses charges d'ambassadeurs, de conseil-
lers, de chambellans auprès des rois saint Louis, Charles VI,
Louis XI, Charles VIII et jusqu'à Louis XIV.

Aux XVIIe et XVIIIe siècles, les Menou transformèrent leur
manoir féodal en un château plus agréable à habiter et l'enceinte
fut abattue pour donner plus d'air à la cour intérieure.

Le chevalier René de Menou, douzième seigneur de Boussay, qui fut premier échanson de la reine Claude, de même que
de la reine Éléonore, eut plusieurs enfants, dont l'un, François,
fut à l'origine de la branche de Charnizay.

L'église communale est fort ancienne. En 1470, Jean de
Menou, le dixième seigneur, la dota d'une chapelle funéraire
destinée à sa famille ; c'est son fils Philippe qui la termina
conformément au vœu qu'avait formulé son père par testament.
Cette chapelle sépulcrale appartient toujours à un membre de
la famille.

Plusieurs inscriptions y retiennent l'attention, et l'une
d'elles constitue une épitaphe à nulle autre pareille.

En 1596, le seigneur Jean de Menou confie à des sculp-
teurs italiens la facture d'un magnifique tombeau, que le ciseau
a orné d'une véritable dentelle. Il voulait ainsi rendre hommage
à la mémoire de son épouse, Madeleine Fumée, décédée à l'âge
de 17 ans. Voici ce qu'il y fit graver :

O belle Magdeleine, combien
vovs estes hevrevse, et
vostre nom glorievx. L'Éternel
vovs resveille de ce profond
sommeil, et dessille vos yevx
du voile des ennvis, des plevrs
et de la mort, afin que tovt
ainsi que les flambeavx du
ciel dorent cest vnivers, le
lvstre admirable de vos vertvs
comme un novveav soleil
espande ses rayons par
l'espace infini de ce temple
très saint, et vevt que là,
en ces célestes demevres,
vovs soies colloqvée plvs
lvminevse qve l'estoile dv
jovr avec avtant de parfaite
félicité comme vos mérites
en sont répvtés dignes.
Bénisses le donc, et Lui
donnes gloire en léternité
des siècles, pvis que par
sa bonté et sa miséricorde
vos jovrs sont immortels
et pleins de béatitvde.

Cette chapelle sépulcrale réserve d'autres surprises. Si vous pensez que les Menou n'ont pas honorablement participé aux actions militaires, une autre inscription vous renseignera : elle souligne le courage de... 22 jeunes de Menou qui versèrent leur sang à la bataille de Malplaquet, alors que le duc de Villars fut battu par le premier duc de Marlborough dans la guerre de la Succession d'Espagne (1709).

Et si vous croyez que peut-être les demoiselles de Menou se tinrent loin de la vie religieuse, une autre vous rassurera : elle rappelle l'entrée de 24 d'entre elles à l'abbaye de Bourdillière ! Leur grand-père, en deux mariages, avait eu 34 enfants. L'aîné de ceux-ci, peut-être effaré à l'idée de trouver de bons partis pour ses sœurs et ses nièces, les engagea plutôt à entrer dans une abbaye, qu'il fonda d'ailleurs à leur intention, réglant d'un seul coup autant de problèmes de dots ! Le chevalier Louis de Menou ne manquait pas d'initiative ! Sa sœur Claude fut la première prieure du couvent, et sa fille Catherine, la deuxième. Il devint veuf à l'âge de 30 ans et entra lui-même dans les ordres.

De la Touraine, nous allons passer en Berry, où notre première étape sera Méobecq.

De Boussay, revenons à Preuilly-sur-Claise. De là, la D 725 court vers l'est et devient vite la D 925, au moment où l'on franchit la ligne séparant le département d'Indre-et-Loire de celui de l'Indre ; on atteint, en 12 km, Azay-le-Ferron, dont le château abrite une remarquable rétrospective du mobilier et de la décoration d'intérieur (du XVIe au XIXe s.). Après 12 autres kilomètres, la D 925 passe par Mézières-en-Brenne, dont l'église (XIVe s.) comporte la chapelle d'Anjou, de style Renaissance et très ouvragée, puis, 13 km plus loin, touche à Vendœuvre. Prendre ici, sur la droite, la D 11 : 8 km et vous êtes à Méobecq. Depuis Preuilly-sur-Claise, vous avez franchi une distance de 45 km, à travers une région fort pittoresque émaillée d'innombrables étangs et de marais, domaine par excellence des oiseaux aquatiques, des bruyères et des landes, entre la Claise et la Creuse.

Si nous nous arrêtons à MÉOBECQ, c'est que l'histoire de son abbaye se rattache à celle de l'évêché de Québec. Cette abbaye est fort ancienne : elle aurait été fondée grâce aux largesses du roi Dagobert. Son église fut consacrée en l'an 1048. En 1569, l'armée de Condé l'incendia. Pendant plus d'un siècle, les débris jonchèrent les premières travées de la nef ; celles-ci ne furent jamais réédifiées, les moines n'ayant pas les revenus nécessaires. On se contenta de clore une portion restreinte de la nef par une façade de style grec, dont la porte est millésimée : 1658.

Par suite du concordat de 1516, c'est le roi qui désignait à la nomination papale les titulaires des bénéfices ecclésiastiques. En 1662, François de Montmorency-Laval, vicaire apostolique depuis quatre ans, retourne en France pour la première fois. Louis XIV l'accueille avec bienveillance et, en décembre, il lui accorde les revenus de l'abbaye de Méobecq afin de favoriser l'établissement d'un évêché. Neuf ans plus tard, Mgr

L'église de Méobecq, qui faisait jadis partie de l'abbaye de ce nom, dont l'un des abbés fut le chanoine de la Corne de Chaptes, né à Contrecœur.

de Laval revient en France pour s'employer à la création de cet évêché : « J'ai appris par une longue expérience », écrit-il, « combien la condition de vicaire apostolique est peu assurée contre ceux qui sont chargés des affaires politiques. »

Il bénéficie toujours de l'appui du roi. Celui-ci, en 1672, lui concède les revenus de l'abbaye de l'Estrées, en Normandie. L'année suivante, le brevet ayant trait à Méobecq est enfin enregistré, de même que les lettres patentes unissant l'abbaye à l'évêché de Québec, que Clément X érigera en 1674.

Mgr de Laval est venu au moins deux fois à Méobecq, en 1673 et 1674, comme en témoignent des documents ; la première fois, il y signe l'engagement de verser une rente annuelle aux cinq moines qui y restent, la mense monacale, comme la mense abbatiale, allant désormais à son évêché.

Le trente-septième abbé de Méobecq fut le chanoine Joseph Marie de La Corne de Chapte, né à Contrecœur, et qui fut envoyé en France, avant la fin du Régime français, pour y surveiller les intérêts de la jeune Église canadienne. Il était à la fois abbé commendataire de l'Étoile (que nous avons mentionnée en passant par La Puye, au Poitou) et de Méobecq. C'est ici qu'il décéda en 1779, et on l'inhuma dans le cimetière alors situé à la porte de l'église.

Quand survint la Révolution française, toute vie monacale avait disparu à Méobecq ; l'ancienne abbaye royale était devenue un fief dont les revenus étaient alors de 12 000 livres ; quant aux prieurés de Touraine, que nous avons mentionnés en longeant la Vienne, ils représentaient 3 000 livres de rente.

Depuis Méobecq, nous nous proposions Nohant comme prochaine étape. En continuant sur la D 11 vers le sud, on atteint Saint-Gaultier (11 km), où passe la N 151 ; prenons-la vers l'est sur environ 1 kilomètre : tout de suite se présente sur la droite la D 927, qui conduit, en 7 km, à Argenton-sur-Creuse, un important carrefour routier. C'est le moment de décider si

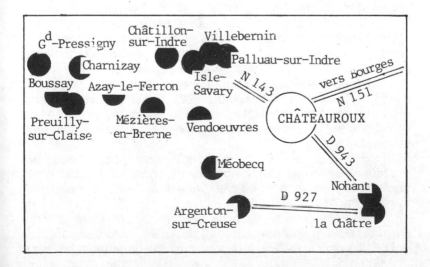

nous nous dirigeons tout de suite sur Nohant. Depuis Argenton-sur-Creuse, cette même D 927, en 39 km, atteint La Châtre ; Nohant n'est plus qu'à 6 km au nord, par la D 943.

Mais si l'on s'intéresse aux abbayes dont les revenus ont contribué au maintien de l'évêché de Québec, nous suggérons un crochet par Bénévent-L'Abbaye, ce qui, cependant, représentera une centaine de kilomètres de plus.

Si tel est le cas, la N 20, à partir d'Argenton-sur-Creuse, après 40 km, traverse le petit bourg de Ruffet. Dès après se présente sur la gauche la D 912, qui, en 9 km, atteint La Souterraine ; cette petite ville de la haute Marche a conservé quelques vestiges de ses remparts médiévaux ; son église Notre-Dame-de-l'Assomption, commencée au XIIe siècle, est en granit, et c'est un bon exemple d'architecture romane et gothique limousine.

Depuis La Souterraine, la D 1, vers le sud, conduit à Laurière (22 km) ; y emprunter sur la gauche la D 914 : après 15 autres kilomètres, vous entrez dans BÉNÉVENT-L'ABBAYE.

Cette commune possède une remarquable église romane, ancienne abbatiale datant du milieu du XIIe siècle, surmontée de deux clochers et de coupoles. Il y existe encore des vestiges de l'abbaye de Saint-Barthélemy (XIVe et XVe s.), qui relevait de l'ordre de Saint-Augustin.

La sollicitude de Louis XIV pour l'Église du Canada ne s'éteignit pas avec la nomination du deuxième évêque, Jean-Baptiste de La Croix de Chevrières de Saint-Vallier. Il est vrai que celui-ci avait été aumônier ordinaire du roi, mais, dès le début de son épiscopat, il trouva le moyen de se brouiller avec tout le monde, y compris le gouverneur de Frontenac et le chapitre de sa cathédrale ! En 1694, l'évêque était de retour en France, et le roi le pressa de donner sa démission ; après un moment de silence, il lui demanda de répondre. « Il y a des choses, sire », se contenta-t-il de dire, « sur lesquelles il est plus respectueux de ne pas répondre à Votre Majesté ! »

Louis XIV ne lui en voulut sans doute pas trop puisque peu après, le 1er novembre 1695, désirant « le gratifier et traiter favorablement », il lui fit don de l'abbaye de Saint-Barthélemy pour qu'elle soit unie à perpétuité au diocèse de Québec.

Mgr de Saint-Vallier connut bien d'autres vicissitudes. Il décéda à Québec le 26 décembre 1727, après quarante années d'un épiscopat mouvementé ; même que l'intendant, qui était son exécuteur testamentaire, et le vicaire général se disputèrent sa dépouille !

Comme on était à la fin de décembre, aucun voilier ne put tout de suite apporter la nouvelle du décès en France ; c'est seulement à la mi-juin qu'elle parvint à l'abbaye de Saint-Barthélemy.

Revenons maintenant à La Souterraine. On peut le faire par un itinéraire différent de celui de l'aller, en continuant sur la D 914 jusqu'à la D 912 (5 km) puis en empruntant celle-ci

La remarquable église romane de Bénévent-l'Abbaye domine la commune.
Cette ancienne abbatiale relevait de l'évêque de Québec, au XVIIIe siècle.

jusqu'au Grand-Bourg (5 km), où elle devient la 912^A, qui, 10 km plus loin en direction du nord-ouest, rejoint la N 145. Celle-ci, en 5,50 km, ramène à La Souterraine.

De La Souterraine, la D 951 monte en direction du nord-est jusqu'à Aigurande (37 km) ; de là, la D 951^B jusqu'à l'Embranchement puis la D 940 conduisent à La Châtre (26 km).

Depuis cette dernière ville, où se termine notre crochet, nous ne sommes, par la D 943, qu'à 6 km de NOHANT.

Il serait difficile de trouver région plus chaudement ensorcelante, et l'on comprend que George Sand y ait trouvé une paix bienfaisante, sorte de bouclier qui la protégeait des retombées d'une liberté de pensée et de comportement qui faisait alors scandale.

Mais pourquoi nous arrêtons-nous à ce manoir ? Des célébrités en ont franchi la grille : Chopin pour y improviser et y composer ; Delacroix pour y peindre, car il y avait l'un de ses ateliers ; Franz Listz pour y interpréter de romantiques mélodies ; Balzac et Flaubert pour y trouver de brillantes conversations.

Ce n'est pas par sujétion au magnétisme de George Sand que nous proposons cette étape. Deux cèdres géants encadrent la porte du manoir donnant sur le jardin, et elle les a plantés l'un après l'autre pour marquer la naissance de ses deux enfants, Maurice et Solange. Maurice Sand fut l'un des premiers vrais touristes venus au Québec.

C'était en 1861, et il accompagnait le prince Jérôme Napoléon, qui, à l'occasion de son accueil par l'Institut canadien, offrit la statue de Bellone qui couronne le monument aux Braves, à Québec.

Tombeau de Maurice Sand.

« Je suis tout gaillard », écrivait Maurice Sand en arrivant à Lachine par vapeur, « d'entendre tout le monde parler français à la mode de Normandie et de Touraine. » À Montréal, où il loge à l'hôtel Donegana, le confort le séduit. « Il y a des baignoires dans les armoires de chaque chambre à coucher », constate-t-il. Et il inscrit en marge de ses notes de voyage : « En faire autant chez moi ! »

Le souvenir de Maurice Sand demeure au manoir. C'est Delacroix qui lui donna ses premières leçons de peinture, et on y conserve une collection de marionnettes qu'il créa et que sa mère habilla. Au bout du jardin, il repose, près de sa mère, dans un petit cimetière familial.

Quittons le domaine de celle qui fut le « Rossignol du Berry », ainsi que la désignait Balzac, et reprenons la D 943 en direction nord-ouest. En 27 km, nous voici à Châteauroux.

George Sand a planté ces deux cèdres lors de la naissance
de ses enfants, Maurice et Solange.

CHÂTEAUROUX
BOURGES

Châteauroux se déploie sur la rive gauche de l'Indre, et c'est le chef-lieu du département de ce nom.

Elle doit son nom à l'antique château Raoul, rebâti au XVe siècle sur des fondations datant de l'an 1000, et qui abrite maintenant la préfecture. Châteauroux perpétue le nom de la famille Buade de Frontenac en donnant celui du plus prestigieux gouverneur de la Nouvelle-France à son groupe scolaire mixte Louis-de-Buade, dont les pavillons sont répartis dans un parc, à la façon des campus universitaires.

Puisque nous sommes à Châteauroux, sans doute voudra-t-on visiter Bourges, la capitale du Berry, l'une des plus riches villes d'art de France, et qui présente un ensemble rare de maisons anciennes. Bourges est à 65 km au nord-est de Châteauroux par la N 151, via Issoudun.

Au moins une demi-douzaine de missionnaires jésuites qui ont œuvré en Nouvelle-France sont passés par Bourges, où ils ont enseigné au collège de leur ordre. Mentionnons Paul Le Jeune, supérieur des jésuites de Québec (1632-1639), premier rédacteur des *Relations des Jésuites de la Nouvelle-France* ; Charles Lalemant, premier supérieur de son ordre à Québec (1625-1629), puis procureur à Paris de la mission de la lointaine colonie ; Jacques Quentin, qui œuvra en Acadie en 1613 ; Philibert Noyrot, trésorier au collège de Bourges puis confesseur du duc de Ventadour, qui obtint du cardinal de Richelieu la révocation de l'édit de Nantes pour la Nouvelle-France et périt dans un naufrage près du détroit de Canseau ; Paul Ragueneau, supérieur de la mission huronne puis de son ordre au Canada, où il se dévoua pendant un quart de siècle, et qui, au moment de son départ, s'adressa à son ancien élève de Bourges, le Grand Condé, le priant d'intervenir auprès de Louis XIV pour l'envoi de troupes dans la colonie ; Anne de Nouë, qui vint deux fois en Nouvelle-France et mourut gelé, non loin de Sorel, surpris par une tempête de neige.

Déjà remarquable par ses nombreuses maisons anciennes à colombage ou en pierre des XVe et XVIe siècles, qui ont vu passer tant de nos missionnaires, Bourges possède plusieurs hôtels qui témoignent de son extraordinaire rayonnement au XVe siècle. La précieuse décoration intérieure de l'hôtel Lallemant, le luxe du palais de Jacques Cœur, témoignage de la confortable vie quotidienne des seigneurs de cette époque, le grand séminaire devenu édifice administratif, la cathédrale, dont le tympan de la porte centrale s'orne de la plus ample représentation du Jugement dernier qu'ait jamais produite la sculpture

Château de Palluau-sur-Indre. Il fut la propriété du comte de Frontenac.

gothique, ne sont que quelques aspects d'un riche patrimoine qui retient le visiteur.

Mais notre périple « québécois » nous ramène sur les bords de l'Indre. Depuis Châteauroux, la N 143, en 25 km, atteint Buzançais. Au-delà de cette commune, à 10 km, se présente sur la droite la petite D 15 ; empruntons-la, car, après 5,50 km, elle débouche sur PALLUAU-SUR-INDRE, une commune que domine la masse imposante d'un château.

La seigneurie de Palluau fut tout d'abord la propriété d'une famille de ce nom, et ce jusqu'au milieu du XIIIe siècle. On connaît tous les seigneurs subséquents, dont quatre étaient membres d'une famille bien connue des Québécois, celle des Buade. Qu'on en juge. Au début du XVIIe siècle, la seigneurie appartient à Antoine de Buade, également seigneur de Frontenac, qui est un vieil ami d'Henri IV : c'est ensemble que, dans leur jeunesse, ils ont tué leur premier sanglier dans la forêt de Saint-Germain-en-Laye ; Antoine de Buade a même sauvé la vie du roi lorsque deux ligueurs se sont jetés sur celui-ci, l'épée à la main ; aussi sera-t-il éventuellement gouverneur des «chastels» de Saint-Germain, et lorsque le roi ajoutera le bois du Vésinet à ses terrains de chasse, c'est Antoine de Buade qui le fera borner et qui présidera au tracé des chemins qui feront de l'actuelle ville du Vésinet, située en proche banlieue de Paris et jumelée à notre Outremont, une remarquable ville-parc.

Le seigneur suivant fut le fils d'Antoine, Henri de Buade, et pour lui le territoire fut érigé en comté. Hélas, en 1622, Henri, qui avait succédé à son père dans ses emplois, fut tué au combat, au pied d'une bastide, de sorte qu'il ne connut pas son fils Louis, né le 12 mai de cette année-là et dont Louis XIII lui-même fut le parrain lors de son baptême en la chapelle du château de Saint-Germain.

Ce Louis de Buade, comte de Palluau et de Frontenac, allait devenir gouverneur de la Nouvelle-France et bénéficier de la sollicitude de Louis XIV, qui mit un frein à l'ardeur de ses créanciers. Louis de Buade fut seigneur de Palluau jusque vers 1650, alors que lui succéda son oncle Roger, abbé d'Obazine.

Le château de Palluau est en excellent état, et son intérieur, confortable. Les pièces principales sont dotées d'importantes cheminées, dont l'une s'orne des armoiries de la famille : « D'azur, à trois pattes de griffon d'or. » Les cellules du donjon ont perdu leurs barreaux, mais leurs murs ont gardé leurs graffiti, dont l'emblême de la chouannerie locale.

L'église de Palluau existe toujours, et elle possède sa chapelle seigneuriale. Henri de Buade la dota de boiseries ornées de son chiffre, « HF », pour « Henri de Frontenac ». Un brocanteur les acheta à vil prix et un amateur d'art les récupéra ; elles firent longtemps partie des collections du musée des Arts décoratifs, à Paris, mais celui-ci les a remises à l'église.

C'est dans la crypte de l'église que furent déposés les restes d'Antoine de Buade en 1626, y rejoignant le cœur de son fils Henri, dont l'épitaphe s'y lit encore distinctement :

> LE 2 OCTOBRE 1622
> MESSIRE HENRI DE
> BVADE, CHEVALIER
> PREMIER ME D'HOSTEL
> DV ROY, MAISTRE DE
> CAMP DV RÉGIMENT DE
> NAVARRE, PREMIER COMTE DE PALLVAV
> A ESTÉ MIS EN CE LIEV. PRIEZ DIEV POUR LVI

Sur la mairie de Palluau, une inscription rappelle la mémoire d'un personnage que le gouverneur de Frontenac fit passer en Nouvelle-France :

> Le GOUVERNEMENT du QUÉBEC
> à
> la mémoire de
> Jean-Baptiste Louis FRANQUELIN
> né à Villebernin en 1650
> CARTOGRAPHE et INGÉNIEUR en NOUVELLE-FRANCE
> 1673-1700

Franquelin fut aussi le premier hydrographe du roi au Canada. Lorsque Frontenac, après avoir repoussé Phipps, entreprit de consolider les fondations de Québec, c'est Franquelin

Le château Renaissance de l'Isle-Savary
appartint également au comte de Frontenac.

qui traça les plans de la batterie royale au pied du cap aux Diamants, laquelle a été relevée sur ses fondations lors de la restauration de la place Royale.

Mais ne nous attardons pas trop à Palluau-sur-Indre, car nous retrouvons la même famille dans les environs. Empruntons la D 28 vers l'ouest ; on arrive tout de suite au petit hameau de VILLEBERNIN, où naquit Franquelin (2 km). Continuons sur 4,50 km et nous voici à L'ISLE-SAVARY ; empruntons-y, sur la gauche, la D 18 : aussitôt s'inscrivent dans le firmament les tours Renaissance d'un élégant château.

L'ancienne châtellenie de L'Isle-Savary appartenait à un chevalier de ce nom dès le XIIIe siècle. Au début du XVIIe, le seigneur en était un chevalier de Lusignan, qui la vendit en 1624 à Roger de Buade de Frontenac, abbé d'Angles, fils d'Antoine et, par conséquent, frère d'Henri. Et lorsque Roger de Buade décéda, la seigneurie passa par héritage à son neveu, Louis de Buade, notre futur gouverneur.

Sans doute ce dernier garda-t-il la seigneurie jusqu'à son décès, survenu à Québec en 1698, car sa veuve, Anne de La Grange-Trianon, en hérita, et elle en fit cadeau à sa compagne fidèle, Madeleine Blondel d'Outrelaize. Ces deux femmes étaient les « déesses » de la belle société parisienne de l'époque, pour reprendre l'expression de Saint-Simon. Mme de Frontenac décéda en janvier 1707, et, vers le même temps, Mlle d'Outrelaize vendit la châtellenie à Jacques, marquis de Beringhen. Or, celui-ci, premier écuyer de la petite écurie de la maison du Roi, fut également l'héritier de Mme de Frontenac.

Le style du château de L'Isle-Savary aurait-il inspiré l'architecte du Château Frontenac, le grand hôtel de Québec ? Un parallèle s'impose quand on rapproche des photos des deux bâtiments.

Nous ne sommes plus qu'à 1 kilomètre de la N 143, que nous suivions depuis Châteauroux. Reprenons-là vers le nord-ouest, en longeant toujours l'Indre. En 27 km, nous atteignons LOCHES et rentrons ainsi en Touraine, le Jardin de la France.

Le château de Loches est une forteresse imposante qui domine la ville. C'est ici qu'en 1429 Jeanne d'Arc rencontra Charles VII après la délivrance d'Orléans, et c'est ici qu'en 1539 François Ier reçut l'empereur Charles Quint. On y visite le logis royal, l'oratoire d'Anne de Bretagne, délicatement ouvragé, de même que le gisant d'albâtre d'Agnès Sorel, la «Dame de Beauté», qui agrémenta les jours de Charles VII et lui donna quatre filles.

Le donjon du château, dont la construction débuta en l'an 1005, fut longtemps une prison d'État, et les remous de la Révolution française y ont amené des Acadiens sans doute demeurés fidèles à la royauté. Ils ont gravé leurs noms à la pointe du couteau dans une pierre que l'on a depuis retirée et placée en lieu sûr pour la soustraire au risque des graffiti.

À Loches débute la D 764, qui, direction nord-est, conduit à GENILLÉ en 10,50 km. C'est un lieu connu depuis bien des siècles, puisque des monnaies y ont été frappées à l'époque mérovingienne, mais c'est pour une autre raison que nous nous y arrêtons. Le premier seigneur connu s'appelait Adam Fumée ; il fut le médecin de Charles VII et de Louis XI. La terre demeura dans la famille jusqu'à son arrière-petit-fils, Martin Fumée, et c'est sa fille Madeleine qui, en juin 1591, épousa Jean de Menou, seigneur de Boussay, et dont, en visitant l'église de cette commune, nous avons lu la touchante épitaphe. Or, ce Martin Fumée, gentilhomme de la chambre du duc d'Anjou et chevalier de l'ordre du roi, était sans doute lettré, car, en 1587, il traduisit l'ouvrage de Francisco Lopez de Gomara, *L'Histoire générale des Indes occidentales et des Terres-Neuves*.

Le château de la famille Fumée existe toujours, et ce n'est pas le seul monument historique qui y retient notre attention.

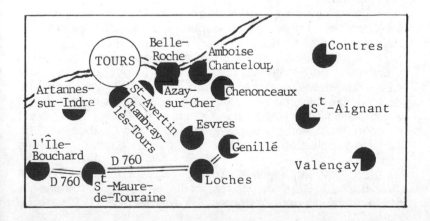

« La Bourdillière », à Genillé, couvent fondé par Louis de Menou
à l'intention de 24 sœurs ou cousines.

En effet, sur la commune, près de l'Indrois, subsiste le bâtiment
dans lequel Louis de Menou, on s'en souvient, fonda un couvent
de filles de l'ordre de Citeaux, dont les 24 premières religieuses
appartenaient à sa famille. En 1688, le roi érigea ce prieuré en
abbaye.

Soulignons que, tout de suite à l'est de Genillé, près de
la D 10, on peut voir d'intéressantes habitations troglodytiques.

Prenons maintenant cette D 10, mais en sens inverse,
direction nord-ouest ; elle suit l'Indrois, puis l'Indre, à partir
d'Azay-sur-Indre, devient la D 17 et atteint Cormery, une distance
totale de moins de 30 km, dès après avoir franchi l'Indre.
Continuons dans la même direction par la N 143. À 1 km sur
la gauche se présente la D 17, qui, tout de suite, passe à
ESVRES. Ici existe un beau château qu'encadrent deux élégantes tours et où vécut Jean-Baptiste Grégoire Martel de
Contrecœur.

Ce dernier était « seigneur de Saint-Antoine, de Magesse,
au Canada », révèle son épitaphe. Où, se demandera t on,
étaient situés ces lieux ?

En 1672, Jean Martel arriva à Québec comme garde du
gouverneur de Frontenac. Il passa à Port-Royal en 1683 pour
y faire commerce, car on lui octroya cette année-là la seigneurie
de Magesse. Il demeura à Port-Royal pendant vingt-sept ans et
y épousa en 1703 Marie-Anne Robineau dit Rouville. Ils eurent
huit enfants, dont Jean-Baptiste Grégoire, né à Québec en 1710.
Le père venait d'être nommé commis au magasin du roi dans
cette ville.

En 1752, alors qu'il était garde-magasin du roi à Montréal,
Jean-Baptiste Grégoire Martel acheta le fief Saint-Antoine de
Marie Pécaudy de Contrecœur, veuve de Jean Louis de La

Corne de Chaptes et mère du chanoine de La Corne dont nous avons précédemment évoqué le souvenir lors de notre passage à Méobecq, et c'est ainsi qu'il prit le surnom de Contrecœur, le fief Saint-Antoine faisant partie de la seigneurie de Contrecœur, qui s'étendait du fleuve Saint-Laurent à la rivière Richelieu.

Profita-t-il de son poste pour s'enrichir frauduleusement ? L'historien H.-R. Casgrain le place au nombre des satellites qui gravitaient autour de l'intendant Bigot, mais il lui reconnaît le génie des affaires. Il passa en France au moment de la conquête de la colonie par les Anglais et se fixa à Esvres. Il décéda à Tours en 1767.

Nous sommes arrivés à Esvres par la D 17 ; reprenons-la pour continuer vers l'ouest. À 20 km, après avoir traversé la N 10 puis l'autoroute A 10, on atteint ARTANNES-SUR-INDRE. Ici se trouve, plus exactement à PONT-DE-RUAN, le manoir de Méré, belle construction flanquée d'une tour carrée. Une galerie court au rez-de-chaussée, tout au long de la façade. Était-ce de Nouvelle-France que Jean-Marie Landrière des Bordes avait rapporté cette fantaisie ?

Originaire de la ville d'Aubusson, diocèse de Limoges, ce personnage occupait les fonctions de commissaire de la marine en Nouvelle-France lorsque, à Montréal, le 25 juin 1761, il épousa Marie-Gilles Chaussegros de Léry, fille de Joseph Gaspard, chevalier de Saint-Louis et ingénieur en chef des fortifications. Celui-ci était un homme fort occupé. Ainsi, lorsque sa fille avait vu le jour, à Québec, il était absent, de sorte qu'on ondoya la fillette et que son baptême fut remis. Peut-être était-il en mission à Montréal, car il était chargé des travaux de défense de la ville.

Le manoir de Méré, à Pont-de-Ruan, a été construit par Jean-Marie Landrière des Bordes, qui avait été commissaire de la marine en Nouvelle-France.

Marie-Gilles était la sœur de Louise-Madeleine, qui avait épousé l'ingénieur Michel Chartier de Lotbinière, et dont on peut lire l'épitaphe dans l'église de Vaudreuil, au Québec, et elles furent toutes deux les tantes de François Joseph Chaussegros de Léry, qui connut en France une éblouissante carrière militaire et dont le nom est gravé dans la pierre de l'arc de triomphe de l'Étoile, à Paris.

Après son mariage, Jean-Marie Landrières des Bordes et son épouse se fixèrent à Tours. Plus tard, le couple jeta son dévolu sur la terre d'Artannes. Le nouveau propriétaire fit démolir l'ancien château et le fit reconstruire.

Revenons sur nos pas par la D 17 (10 km) jusqu'à Montbazon, où passe la N 10, et empruntons celle-ci vers le nord (direction Tours). À 7 ou 8 km se présente la petite commune de CHAMBRAY-LÈS-TOURS. Ici existe toujours La Charpraie. C'était la maison de campagne de Paul Buisson et de Claude Guyart, le beau-frère et la sœur de Marie Guyart, mieux connue sous son nom en religion : Marie de l'Incarnation, la fondatrice

« La Charpraie » était la maison de campagne de
Paul Buisson et de Claude Guyart.
La sœur de celle-ci, Marie de l'Incarnation, y venait souvent.
Ce pavillon est situé à Chambray-lès-Tours.

des ursulines de Québec. Paul Buisson cumulait beaucoup d'emplois et s'occupait de transport sur la Loire. Quand Marie Guyart devint veuve, il compta sur elle pour tenir ses comptes et traiter avec charretiers et mariniers. Tout le travail dont elle s'acquitta alors, devait-elle écrire, la mit en état de faire face aux sacrifices dans la lointaine Nouvelle-France. Ses biographes disent qu'elle venait souvent à La Charpraie, qui a depuis donné son nom à un parc de loisirs de 23 hectares qui relève de la ville de Tours. Aires de jeux, installations sportives et piscines s'insèrent dans un écrin de bois et de prairies dont le principal pavillon est l'ancienne maison du couple Buisson.

Tout de suite au nord de Chambray, la N 10 atteint les bords du Cher; c'est au-delà de celui-ci, et jusqu'à la Loire, que s'étend la ville de Tours, l'un des hauts lieux du souvenir québécois, où l'on peut aller directement en franchissant le pont du Cher. Mais nous proposons une petite excursion d'une cinquantaine de kilomètres qui permettra, notamment, de voir l'un des nobles châteaux de la région.

Juste avant le pont du Cher se présente, sur la droite, la N 76, qui, 2 km plus loin, frôle SAINT-AVERTIN. Ici se trouve le château de Cangé, une prestigieuse demeure flanquée de quatre élégantes tourelles à toit conique. Ancien fief dont on connaît tous les seigneurs depuis l'an 1200, il fut acheté en 1489 par Jean de Conigham, chambellan du roi de France et capitaine de la garde écossaise. La terre demeura dans la même famille pendant plus d'un siècle et demi, six autres seigneurs du même nom s'y succédant. Le dernier, Charles de Conigham, la vendit en 1679, sans doute parce qu'il se ruina dans ses entreprises en Acadie.

Château de Cangé, à Saint-Avertin, en banlieue de Tours.
Son propriétaire dut le vendre après s'être ruiné en Acadie.

En 1658, Charles de Conigham recevait de la Compagnie des Cent-Associés une concession située en Acadie, voisine de celle qui avait déjà été concédée à Nicolas Denys, mais la première empiétait sur la seconde et il en résulta entre les deux hommes un malentendu qui fit long feu. Dès 1658, Conigham serait venu en Acadie pour reconnaître les lieux. Deux ans plus tard, il fit embarquer à Nantes son lieutenant, le sieur de La Giraudière, et 150 hommes avec l'objectif d'établir un poste sur la rivière Sainte-Marie, dans la région de Canseau, que réclamait Denys.

Même s'il reçut une deuxième concession, Conigham ne put tirer son épingle du jeu. Son établissement de pêche sédentaire à la rivière Sainte-Marie lui coûta 30 000 livres en deux ans. Aussi, en 1664, Denys écrivait-il que son rival était « dégoûté du Canada » et qu'il avait abandonné ses entreprises. C'est pour payer ses dettes, dit-on, qu'il se résolut à vendre le château et la terre de Cangé en 1679 pour le prix de 50 000 livres.

Quant au sieur de La Giraudière, son épouse était la sœur du lieutenant d'Alexandre de Prouville, marquis de Tracy, et c'est lui qui prit le commandement du *Saint-Sébastien* lorsque le marquis rentra en France en 1667.

Continuons maintenant sur la D 76 jusqu'à AZAY-SUR-CHER (7 km). Sur cette petite commune se dresse le château de Leugny. C'est aussi un fief très ancien ; au XIIIe siècle, il appartenait au chevalier Geoffroy de Leugny, d'où son nom. Son château fut démoli peu après le milieu du XVIIIe siècle et reconstruit au goût du jour, ainsi qu'en témoigne l'architecture du bâtiment actuel. Or, en 1785, son propriétaire était Louis Barbe Juchereau de Saint-Denis, lieutenant-colonel d'infanterie et chevalier de Saint-Louis. C'était un descendant direct des Juchereau arrivés en Nouvelle-France dès l'époque de Robert Giffard.

En 1656, Nicolas Juchereau, sieur de Saint-Denis, recevait une seigneurie de trois lieues de front sur le fleuve Saint-Laurent, « au lieu dit Kamouraska par les sauvages ». Cette terre demeura dans la famille pendant plus de deux siècles, et le petit bourg auquel elle donna naissance est devenu l'actuelle municipalité de Saint-Denis, dans le comté de Kamouraska. La famille Juchereau de Saint-Denis a connu de remarquables états de service tant en Nouvelle-France qu'en Louisiane.

Continuer vers l'est sur la N 76 et longer ainsi le Cher jusqu'à Bléré (11 km), franchir la rivière et prendre aussitôt la D 40 sur la droite. À seulement 5 km, nous voici au célèbre château de CHENONCEAUX, l'un des plus harmonieux de la Loire, un joyau Renaissance serti en un cadre naturel d'une grande beauté : les jardins de Diane de Poitiers et de Catherine de Médicis. La première avait fait construire un pont reliant le château à l'autre rive du Cher ; la seconde confia à Philibert de Lorme le soin de le doter d'une élégante galerie à double étage, ce qui constitue l'une des principales caractéristiques du bâtiment, car elle s'appuie sur cinq arches qui enjambent la rivière.

Le château actuel a été édifié par Thomas Bohier, receveur des finances sous trois rois, de 1513 à 1521. À la mort de Bohier, François Ier constata qu'il devait d'importantes sommes au Trésor. Incapable de faire honneur aux obligations de son père, le fils abandonna Chenonceaux au roi. Au XVIIIe siècle, Chenonceaux devenait propriété privée et n'a jamais cessé de l'être depuis.

Fait à noter, ce fastueux château appartient aujourd'hui à la famille Menier, dont le nom s'identifie à un chocolat réputé. Or, c'est un membre de cette famille, Henri Menier, qui, en 1895, se porta acquéreur de l'île d'Anticosti, dans le but de s'en faire une sorte de royaume personnel. Il en garda la propriété jusqu'à sa mort, soit pendant près de vingt ans. Port-Menier, seule localité de l'île, rappelle son souvenir.

Revenons maintenant quelque peu sur nos pas, le long de la D 40 (6 km) jusqu'à la D 31, et empruntons celle-ci sur la droite, en direction d'Amboise. Après 5,50 km, nous apercevons une construction dont l'aspect est plutôt insolite dans ce décor : une pagode, édifiée par un personnage qui nous rappelle une période triste de notre histoire.

La pagode que le ministre Choiseul fit ériger sur ses terres de Chanteloup.

En 1760, la Nouvelle-France capitulait. L'année suivante, Pondichéry, en Inde, s'inclinait à son tour. Le secrétaire d'État aux Affaires étrangères, le duc de Choiseul, conçut alors un pacte grâce auquel l'Angleterre suspendit ses opérations, et la guerre de Sept Ans se termina en 1763 par la signature du traité de Paris. C'est Choiseul qui en négocia les articles, sans doute le dos au mur. Se laissa-t-il influencer par Voltaire ? Par ce traité, la France perdait presque toutes ses possessions américaines, notamment le Canada, qui ne devait plus réintégrer son giron.

Certains y verront peut-être une sorte de choc en retour, mais Choiseul, après le décès de sa protectrice, Mme de Pompadour, vit son ministère acculé à des difficultés financières telles qu'on le força à s'exiler sur ses terres de Chanteloup, où nous nous trouvons en ce moment, qu'il avait achetées en 1761. C'est en 1775 qu'il fit ériger cette pagode en reconnaissance de la fidélité des amis qu'il avait conservés. Ainsi qu'une inscription le rappelle, il était «pénétré des témoignages d'amitié, de bonté, d'attention dont il fut honoré pendant son exil».

Cette pagode est tout ce qui reste du splendide château qu'il avait fait élever à l'imitation de celui de Versailles. Au XVIIIᵉ siècle, les «chinoiseries» étaient fort populaires en architecture, et Choiseul était peut-être demeuré sensible à celles qui avaient entouré la conclusion du traité de Paris !

Après cette petite pointe à caractère insolite, revenons sur nos pas par la même D 31 jusqu'à la D 140 (6 km) et tournons à droite sur celle-ci. Après 9 km se présente sur la droite un beau domaine aux vastes pelouses impeccables, celui de La Bourdaisière. Le huitième seigneur connu de cette grande propriété se nommait Philibert Babou, qui fut le grand argentier du roi, puis son surintendant des finances. Sa fortune, déjà considérable, s'augmenta encore par suite des faveurs du roi. Mais ce qui nous intéresse, dans son cas, c'est qu'il fit construire à Tours La Petite-Bourdaisière, une maison de plaisance qui abrita par la suite une manufacture de tapisseries. Or, Marie de l'Incarnation connaissait bien La Petite-Bourdaisière, car les ursulines devaient s'y installer. Nous y reviendrons plus loin.

Mais le domaine de La Bourdaisière eut plus tard un autre seigneur : le duc de Choiseul, déjà mentionné.

L'ancien château de Philibert Babou n'existe plus ; on l'a remplacé, au XVIIIᵉ siècle, par un autre qui est maintenant une luxueuse maison de retraite pour personnes âgées. Ce domaine est situé au lieu-dit de Belle-Roche.

Et voilà que cette D 140 nous amène, une dizaine de kilomètres plus loin, à Tours, qui fut l'un des plus importants centres religieux de la Gaule et devint tôt un foyer intellectuel et artistique très influent. Pour nous, Québécois, Tours était le cœur d'une province qui fut pour la Nouvelle-France une pépinière de pionniers, de missionnaires et d'administrateurs.

TOURS

Dès le Moyen Âge, Tours était considérée comme le cœur du Jardin de la France. Capitale de l'ancienne province de Touraine, maintenant chef-lieu du département d'Indre-et-Loire, cette ville offre deux centres d'intérêt au point de vue historique : le Bourg, bâti à l'époque carolingienne, dont la place Plumereau et les rues adjacentes comptent plusieurs maisons du XVᵉ siècle, et la cathédrale Saint-Gatien, construite du XIIIᵉ au XVIᵉ siècle, qui domine ce que l'on pourrait appeler l'ancien quartier des ursulines. Ces deux points sont situés de part et d'autre de la N 10, qui traverse la ville en son centre et qui prend alors successivement les noms d'avenue de Grammont puis de rue Nationale.

En arrivant de l'est par la D 140, comme c'est le cas pour l'itinéraire que nous suivons, nous entrons dans la ville nécessairement par le boulevard Richard-Wagner. Celui-ci longe des quartiers modernes dont certaines rues évoquent la mémoire de personnages de notre histoire. Mentionnons la rue Champlain, de même que le parc et l'allée Nicolas-Denys.

Après être passé sous l'amorce d'un pont ferroviaire, on atteint l'avenue de Grammont ; l'emprunter sur la droite. Une vingtaine de rues plus haut, voici la place Jean-Jaurès, où s'amorce, côté droit, le boulevard Heurteloup. À l'angle nord-est se distingue l'élégant bâtiment qui abrite l'Hôtel de Ville ; à l'un des mâts de sa façade flotte souvent notre fleurdelisé en compagnie du tricolore, car Tours est le siège de groupements qui s'emploient à resserrer les liens entre la Touraine et le Québec.

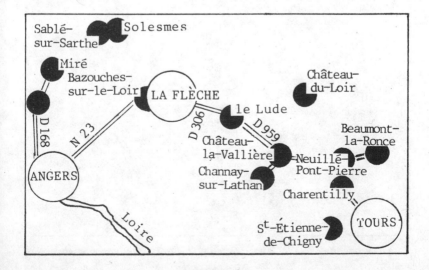

C'est à l'Hôtel de Ville que sont conservés les registres de l'état civil, et on y accueille les généalogistes avec empressement. On devine combien ces documents sont riches en renseignements ayant trait à des personnages de notre histoire. On y trouve par exemple l'acte de baptême de Marie de l'Incarnation, l'acte de décès de Louis Philippe de Rigaud de Vaudreuil, frère du dernier gouverneur de la Nouvelle-France et chef d'escadre prestigieux, celui du légendaire flibustier Robert Chevalier de Beauchesne, «natif de mont Royal en Canada» et «tué sur le pavé», dans une rixe, pour ne mentionner que ces trois cas.

Si l'on souhaite obtenir des renseignements touristiques, on trouve un peu plus loin, boulevard Heurteloup, près de la gare, l'Accueil de France, dont le personnel est de haute qualité professionnelle.

C'est place Jean-Jaurès que débute la rue Nationale, dans l'axe même de l'avenue de Grammont. Elle nous conduira aux deux centres d'intérêt déjà mentionnés, et que l'on devrait visiter à pied, tout d'abord parce que les rues sont étroites et souvent à sens unique, et ensuite parce que les monuments qu'on y trouve méritent mieux qu'un simple coup d'œil.

À Tours comme à Paris, une même artère change parfois d'appellation. C'est le cas de celles que croise la rue Nationale. Pour nos fins, retenons les noms qui se présentent sur la droite depuis la place Jean-Jaurès : rues des Minimes, de la Préfecture, Émile-Zola, de la Sellerie, Berthelot et Colbert. Rangeons la voiture le plus près possible de cette dernière.

Empruntons donc la rue Colbert à pied ; d'agréables maisons médiévales et Renaissance la bordent. Tournons à droite, rue Lavoisier. Nous voici tout à côté de la cathédrale Saint-

Chapelle des ursulines, à Tours. Marie de l'Incarnation y prononça ses vœux.

Le couvent des ursulines a été fort bien conservé.
C'est aujourd'hui un lycée pour jeunes filles.

Gatien, nommée ainsi en l'honneur du premier évêque de Tours
(IIIe s.).

La cathédrale est une imposante construction gothique
(XIIIe et XIVe s.) avec des tours à lanternon Renaissance. Elle
possède une précieuse série de vitraux et un charmant cloître.
Il est logique de penser que Marie de l'Incarnation s'y est
souvent recueillie, car c'est près de là que se fixèrent les
premières ursulines.

En sortant de la cathédrale, en effet, nous prendrons sur
la gauche la rue des Ursulines, qui décrit un arc de cercle.
Tout de suite se présente l'ancien archevêché, dont les jardins
sont ornés d'un énorme cèdre du Liban. Ce bel édifice abrite
de nos jours le musée des Beaux-Arts, qui s'enorgueillit à juste
titre de ses Rembrandt, de ses Rubens, de ses Delacroix.

Cette rue portait le nom de Poitou quand les premières
religieuses arrivèrent, en 1619. Six ans plus tard, elles achetaient
La Petite-Bourdaisière, qui, nous l'avons vu, avait été la maison
de plaisance de Philibert Babou. La rue du Poitou devint vite
celle des Ursulines.

On a à peine esquissé quelques pas que se profile sur le
trottoir de droite, à l'angle de la rue du Petit-Pré, la chapelle
Saint-Michel, que les religieuses firent construire peu après leur
arrivée. C'est ici que Marie Guyart fit sa profession sous le nom
de Marie de l'Incarnation, le 25 janvier 1633. La chapelle est
devenue un musée à sa mémoire. La Petite-Bourdaisière jouxtait
la chapelle, mais c'est son mur arrière que l'on aperçoit, rue
du Petit-Pré. Faisons encore quelques pas, rue des Ursulines.
Toujours sur le trottoir de droite se présente un portail : c'est
celui du monastère que Marie de l'Incarnation vit construire à
partir de 1630. Elle était veuve au moment d'entrer en religion,

et son fils Claude, le futur bénédictin, se glissait parmi les ouvriers à la recherche de sa mère, qui lui manquait sans doute.

Franchissons le portail. Le bâtiment a été fort bien conservé au fil des siècles, avec ses séries de fenêtres donnant sur les cellules des religieuses. L'intérieur a aussi gardé beaucoup de son cachet du XVIIe siècle, avec ses énormes poutres et son escalier principal, dont les rampes et les balustres, dit-on, sont d'époque. L'ancien monastère portait pour armoiries : « D'argent, à trois lys au naturel sur une même tige mouvante d'épines, de sinople. » C'est aujourd'hui un lycée pour jeunes filles.

Dès qu'on a franchi le portail, on aperçoit sur la droite la façade de La Petite-Bourdaisière. On constatera que le sieur Babou, fidèle aux habitudes architecturales de son temps, avait fait orner les linteaux de sa maison de plaisance de sculptures pas toujours porteuses de vertu.

Marie Guyart connaissait la maison bien avant de joindre les rangs des ursulines. Jeune, elle y allait jouer, car sa marraine était l'épouse d'Alexandre Motron, qui y avait installé une fabrique de tapisseries. C'est là qu'elle devait loger jusqu'à son départ pour le Canada en 1639.

Contournons maintenant l'ancien monastère par la gauche. Au fond du parc, on a reconstruit le petit ermitage Saint-Joseph, où Marie de l'Incarnation allait souvent se recueillir. Il avait fini par tomber en ruine. En 1950, l'archevêque de Québec y avait dévoilé une inscription, qui fut rafraîchie à l'occasion de la béatification de la fondatrice :

« La Petite Bourdaisière ». Marie de l'Incarnation y venait jouer dans sa prime jeunesse. Elle y habita après avoir pris le voile.

LA VÉNÉRABLE MÈRE
MARIE DE L'INCARNATION
NÉE À TOURS LE 28 OCTOBRE 1599
RELIGIEUSE URSULINE DE TOURS
DEPUIS LE 25 JANVIER 1633
VINT DANS CET ERMITAGE SAINT-JOSEPH
LE 22 JANVIER 1639
REMERCIER CE GRAND SAINT
ET LUI CONFIER
LA MISSION ÉVANGÉLISATRICE
QU'ELLE VENAIT DE RECEVOIR
POUR LE CANADA.
ELLE MOURUT À QUÉBEC
LE 30 AVRIL 1672

Signalons à l'attention des chercheurs qu'un peu au-delà de l'ancien monastère des ursulines, sur le trottoir de gauche, sont situées les Archives départementales d'Indre-et-Loire, qui sont dépositaires d'une riche collection de documents ayant trait aux personnages qui ont été à l'origine de la Nouvelle-France, notamment d'un précieux dossier sur la famille Razilly. On y conserve, par exemple, la commission par laquelle, en 1632, Isaac de Razilly fut nommé lieutenant général de la colonie.

À deux pas d'ici passe l'autoroute A 10, de l'autre côté de laquelle est située l'église Saint-Pierre-des-Corps, où eut lieu, le 26 juin 1980, une concélébration présidée par le cardinal-archevêque de Québec pour marquer la béatification de Marie de l'Incarnation, qui avait eu lieu à Rome quelques jours plus tôt.

Si, en poursuivant sur la rue des Ursulines, on emprunte la rue du Petit-Cupidon, on arrive sur les bords de la Loire, et l'on marche sans doute dans les pas de la bienheureuse car c'est sur le quai d'Orléans, dit-on, qu'elle traitait pour son beau-frère avec charretiers et bateliers lorsque, devenue veuve, elle dut gagner sa subsistance.

Mais on ne voudra sûrement pas quitter Tours, si l'on aime les vieilles pierres, sans en visiter le Bourg, de l'autre côté de la rue Nationale, où nous avons garé la voiture. Revenons donc à l'angle de la rue Colbert et de la rue Nationale, et traversons celle-ci : nous abordons ainsi la rue du Commerce, qui donne sur la place Plumereau. Nous sommes au cœur du vieux Tours. Cette place et les rues qui y aboutissent sont riches en maisons des XVe et XVIe siècles. C'est donc un quartier médiéval : façades romanes, toits à pignon, murs en brique et bois, hôtels Louis-XIII témoignent d'un riche passé.

On ne quitte jamais Tours sans regretter de ne pouvoir y séjourner davantage, tellement la ville est riche en monuments et en musées, mais revenons à la voiture et reprenons la rue Nationale (la N 10) vers le nord.

On arrive tout de suite à la Loire : le pont de pierre qui l'enjambe, et qui date du XVIIIe siècle, a été complètement restauré et consolidé il y a quelques années. Il offre un bel aspect de la ville si on aborde celle-ci par la N 10 en provenance de Paris.

La N 152, très pittoresque, suit la rive droite de la Loire, et on peut l'emprunter sur la gauche en sortant du pont, si l'on souhaite voir (11 km) la petite commune de SAINT-ÉTIENNE-DE-CHIGNY, où les parents de Marie de l'Incarnation se sont épousés ; l'acte de mariage figure aux registres conservés à la mairie. Signalons qu'à 10 km plus loin se trouve le château de Langeais, l'un des plus intéressants du Val de Loire, édifié par Louis XI au XVe siècle et demeuré intact depuis.

Mais revenons au beau pont de pierre qui enjambe la Loire. Dès qu'on l'a franchi se présente, sur la gauche, la N 138. Suivons-la sur 10 km. Nous atteignons ainsi la petite commune de CHARENTILLY, où existe le modeste château des Ligneries ; la propriété ne se trouve pas au cœur de la municipalité, mais un peu en dehors ; on l'atteint par le C 4.

Ici, vers 1663, est né Constant Le Marchand de Lignery, qui, s'il n'a pas joué un rôle de premier plan au Canada, y a laissé le souvenir d'un officier ayant contribué à la consolidation des postes de l'Ouest canadien.

Son père était seigneur du lieu, et, en 1660, il avait fait ajouter à l'église du bourg une chapelle qui, hélas, fut démolie en 1746 ; on lui avait consenti l'autorisation d'y être inhumé, ainsi que ses successeurs. On trouve encore dans l'église des traces de l'ancien enfeu de la famille.

C'est en 1687 que Constant Le Marchand de Lignery arriva en Nouvelle-France. En 1712 éclate la guerre contre les Re-

Le modeste château des Ligneries, à Charentilly, où naquit Constant Le Marchand de Lignery.

nards, et le gouverneur de Vaudreuil lui confie le soin d'aller, à la tête d'un petit détachement, prendre possession du poste de Michillimakinac, situé sur une île du détroit réunissant les lacs Michigan et Huron, et que les Français avaient abandonné en 1696. Il devait d'ailleurs prendre plus tard le commandement de ce poste et négocier des traités de paix avec les Renards, les Sauteux et les Illinois. En 1728, le gouverneur de Beauharnois le charge d'aller, à la tête d'une petite armée de 450 Français et d'un millier d'Amérindiens, assujettir les Renards, mais ceux-ci, fins... renards, parvinrent à se dérober. L'officier passa en conseil de guerre, mais le rejet des accusations portées contre lui fut unanime. Il ne survécut pas longtemps à cette épreuve ; nommé major des Trois-Rivières, il y décéda en 1731.

L'un des fils de Constant Le Marchand de Lignery, François Marie, devait se distinguer au cours de la guerre de Sept Ans, notamment dans l'Ouest, où il contribua de façon notable à la défaite de l'armée du général Braddock lors de la bataille de la Monongahéla (1755). Comme son père avant lui, on le décora de la croix de Saint-Louis. Il fut mortellement blessé par les Anglais à l'été de 1759, au cours d'un engagement près du fort Niagara. Il avait épousé la fille de Daniel Migeon de La Gauchetière, dont une rue de Montréal porte le nom.

Si vous êtes de la famille des Chouinard ou lui êtes apparenté, vous ne voudrez pas manquer l'occasion de saluer en passant le pionnier de ce nom venu en Nouvelle-France, et dont une inscription rappelle le souvenir à BEAUMONT-LA-RONCE.

Reprenons la N 138 vers le nord jusqu'à Neuillé-Pont-Pierre (10 km), et empruntons-y, sur la droite, la D 766 : encore 10 km, et nous voici à Beaumont-la-Ronce, que Jacques Chouinard quitta au XVIIe siècle pour devenir l'un des premiers colons de la seigneurie de Port-Joli.

L'ancienne châtellenie de Beaumont-la-Ronce existait déjà au XIIe siècle. Elle fut érigée en marquisat en 1757, en faveur de Jean-Claude Bonnin de La Bonninière de Beaumont, dont les descendants sont encore propriétaires du château. La partie la plus ancienne de celui-ci est un gros donjon carré qui date probablement du XIIIe siècle et que l'on découronna en 1780 d'un étage, de son chemin de ronde et de ses mâchicoulis. Au XVIe siècle, on érigea, à l'angle nord du bâtiment, une haute tour en brique, de forme octogonale, abritant une vis en pierre. Une aile fut érigée plus tard (XIXe s.) en pastichant le style Louis-XII.

Le matin du 19 septembre 1981, le fleurdelisé québécois flottait au-dessus de la tour octogonale : le maître de céans, le marquis de Beaumont, attendait une délégation de Chouinard du Québec, qu'il accueillit en qualité de maire, ceint de l'écharpe tricolore républicaine. À droite de l'entrée de la mairie, une inscription rappelait la mémoire du pionnier :

La haute tour octogonale du château de Beaumont-la-Ronce
a été érigée au XVIe siècle.

HOMMAGES
à
ANCÊTRE
Jacques CHUISNARD dit CHOISNARD
fils de BEAUMONT-LA-RONCE
de ses
ENFANTS CHOUINARD
D'AMÉRIQUE du NORD
L'ASSOCIATION des CHOUINARD de L'AMÉRIQUE
du NORD.

le 19.09.1981

La fanfare communale souligna de ses accents le dévoilement, et le tout se termina par une réception au château, où il y eut échange de cadeaux.

Nous sommes à la toute veille d'entrer dans le Maine, érigé en comté dès le Xe siècle, mais arrêtons-nous une dernière fois en Touraine pour saluer la toute première compagne de Marie de l'Incarnation.

Depuis Beaumont-la-Ronce, revenons sur nos pas par la D 766 jusqu'à Neuillé-Pont-Pierre (10 km) et continuons jusqu'à Château-la-Vallière (17 km). D'ici, la D 749 conduit, vers le sud (9 km), à CHANNAY-SUR-LATHAN, une toute petite commune que ne propose aucun guide touristique. Si nous la mentionnons, c'est qu'ici existe toujours le manoir des Hayes, où Marie de Savonnières de La Troche Saint-Germain, plus tard mère Marie de Saint-Joseph, passa une partie de son enfance.

Cette religieuse était l'une des deux compagnes de Marie de l'Incarnation lorsque celle-ci partit pour Québec en 1639. Elle fut donc l'une des cofondatrices des ursulines de cette ville.

Le père de la future religieuse, le chevalier Simon de Savonnières, était seigneur de Channay, de La Troche et de Saint-Germain d'Arcé. Sa mère, Jehanne Raoul, était la fille d'un conseiller au Parlement de Bretagne. Elle avait 5 ans quand son père décéda et 14 ans quand elle fit sa profession. C'est à l'âge de 23 ans qu'elle offrit d'accompagner Marie de l'Incarnation, malgré la vive opposition de ses parents, qui finalement s'y résignèrent.

Mère Marie de Saint-Joseph s'employa à l'étude des langues huronne et algonquine afin de seconder sa supérieure dans la formation des jeunes filles autochtones, un objectif auquel elle se consacra jusqu'à son décès, survenu en 1652.

Et voici le moment venu de dire au revoir à cette douce Touraine, dont les rivières tranquilles, les paysages captivants, le riche patrimoine et les vins délicats vous auront sans doute conquis.

Revenons à Château-la-Vallière (9 km) et empruntons la D 959 en direction du nord-ouest. En un peu moins de 10 km, vous aurez franchi l'invisible frontière qui séparait la Touraine de l'Anjou, et qui est commune, de nos jours, aux départements d'Indre-et-Loire et de Sarthe.

Le manoir des Hayes, à Channay-sur-Lathan,
où mère Marie de Saint-Joseph, compagne de Marie de l'Incarnation,
passa une partie de sa jeunesse.

L'évêché d'Angers. C'est ici que l'évêque Claude de Rueil
sanctionna la fondation des « Filles Hospitalières de Saint-Joseph »,
et que son successeur, Mgr Henri Arnauld, permit à la jeune communauté
d'envoyer des religieuses à Ville-Marie pour y fonder un Hôtel-Dieu.

ANJOU
MAINE

Nous avons déjà fait une petite incursion en Anjou, à partir de Nantes et du Pallet, pour voir l'abbaye de Bellefontaine, d'où sont partis les moines fondateurs de la trappe d'Oka. Nous y revenons maintenant en provenance du sud.

L'Anjou et le Maine, au XIIIe siècle, relevaient de Louis VIII, qui les donna en apanage à son fils Charles. C'est en 1482 que l'Anjou fut définitivement rattaché à la couronne de France, dont plusieurs princes ont porté le titre de duc d'Anjou. Quant au Maine, érigé en comté en l'an 955, il fut rattaché à l'Anjou et, comme lui, subit la domination anglaise avant d'être repris par la France et donné à Charles d'Anjou.

Ainsi qu'on le constatera plus loin, c'est l'Anjou qui, dans une large mesure, a donné naissance à cette Ville-Marie qui devait, sous le nom de Montréal, devenir l'orgueilleuse métropole du Québec.

Nous sommes donc revenus à Château-la-Vallière et nous y avons emprunté la D 959 en direction du nord-ouest, pénétrant ainsi en Anjou ; après 17 km depuis Château-la-Vallière, voici LE LUDE, commune des bords du Loir, dont le château est remarquable.

Au XVIIe siècle, la terre du Lude fut érigée en duché pour Henri de Daillon, qui fut grand maître de l'Artillerie de France. En cette qualité, il était le patron du Grand Arsenal, à Paris, qui abrite maintenant la riche bibliothèque de l'Arsenal. Il y mit aimablement un appartement à la disposition de la comtesse de Frontenac et de son inséparable amie Madeleine Blondel d'Outrelaize, qu'on avait surnommées «les Divines». C'est là d'ailleurs que décéda la comtesse de Frontenac en janvier 1707, après huit années de veuvage, n'ayant pas revu son mari, le prestigieux gouverneur de la Nouvelle-France, qui avait lui-même quitté Québec pour un monde meilleur à la fin de l'année 1698.

Au moment où l'on passait d'un département à l'autre, la D 959 est devenue la D 306 un peu avant d'arriver au Lude, sans doute un caprice de la voirie départementale. Poursuivons notre route, et, 20 km au-delà du Lude, nous entrons dans l'une des plus coquettes et des plus accueillantes villes angevines.

Le petit port du Pré-Luneau, d'où partirent
les fondateurs de Ville-Marie, à La Flèche.

LA FLÈCHE

Elle occupe une riante situation sur plusieurs bras du Loir, et si Paul de Chomedey, sieur de Maisonneuve, considéré comme le fondateur de Montréal, était d'origine champenoise, c'est grâce à un Fléchois, Jérôme Le Royer de La Dauversière, collaborateur dévoué de Jean-Jacques Olier, que put naître Ville-Marie, et c'est de ses quais ombragés que sont parties les recrues qui ont assuré la fondation puis la consolidation du petit poste, de même que les hospitalières qui l'ont doté de son premier hôpital, l'Hôtel-Dieu.

La Flèche a plus d'un titre à l'attention des Québécois. Saviez-vous, par exemple, que si Henri IV est né à Pau, c'est ici qu'il a été conçu? Et c'est tout de même au Vert Galant que nous devons l'Acadie et la Nouvelle-France... Seulement cela! Il passa sa jeunesse à La Flèche, et c'est ici qu'en 1598 il fixa un rendez-vous à son élue du moment, Gabrielle d'Estrées.

Notre premier point d'arrêt sera la Prytanée militaire. En 1607, Henri IV signait un édit assurant à La Flèche la fondation d'un collège confié aux jésuites. En moins d'un quart de siècle, l'institution comptait 1 500 élèves.

Un monumental portail baroque s'ouvre sur une cour d'honneur, et c'est la chapelle Saint-Louis qui retiendra notre attention, non seulement parce qu'une urne dorée y renferme

La chapelle Saint-Louis du Prytanée militaire,
que fréquentèrent Mgr de Laval et M. de la Dauversière.

les cendres d'Henri IV et de Marie de Médicis, mais parce que deux inscriptions rappellent la mémoire d'anciens élèves dont les noms sont profondément burinés dans nos annales.

Tout d'abord, François de Montmorency Laval étudia ici pendant sept ans :

> Sit nomen DOMINI benedictum
> +
> À la mémoire de
> FRANÇOIS
> DE MONTMORENCY-LAVAL
> élève de ce collège
> de 1634 à 1641
> et premier évêque
> de Nouvelle-France
> en Canada
> +
> BÉATIFIÉ le 22 juin 1980

Mais avant Mgr de Laval, cette institution avait été fréquentée par un autre personnage :

> À LA MÉMOIRE
> DE JÉRÔME LE ROYER DE LA DAUVERSIÈRE
> ÉLÈVE DU COLLÈGE DE LA FLÈCHE
> DE 1608 À 1617
> PROMOTEUR EN 1630 DE LA FONDATION EN 1642
> DE VILLEMARIE DEVENUE MONTRÉAL
> EN CANADA
> +

Jérôme Le Royer de La Dauversière est toujours présent à La Flèche, et de diverses façons. Ainsi, la ville a une rue qui porte son nom :

> RUE
> DE LA DAUVERSIÈRE
> Jérôme Le Royer de LA DAUVERSIÈRE
> 1597-1659
> FONDATEUR DES HÔPITAUX DE LA FLÈCHE
> ET DE MONTRÉAL

Sur la même rue, une autre inscription identifie la maison où il a habité :

ICI VÉCUT
JÉRÔME ROYER DE LA DAUVERSIÈRE
1597-1659
RECEVEUR DES TAILLES
FONDATEUR DE L'INSTITUT DES SŒURS
HOSPITALIÈRES DE SAINT-JOSEPH 1638
PROMOTEUR DE LA FONDATION
DE MONTRÉAL 1642

Cette plaque a été posée le 19 septembre 1927
en présence d'une délégation canadienne,
le Docteur Buquin étant maire.

En 1986, un buste du personnage a été dévoilé dans le parc des Carmes, œuvre du sculpteur Louis Derbré. Ce sont les sœurs hospitalières qui en avaient pris l'initiative. Jérôme Le Royer tourne le regard vers le port du Pré-Luneau, d'où partirent tant de pionniers de Montréal, et où une stèle nous révèle à quel point La Flèche en a été la véritable pépinière :

Buste de Jérôme Le Royer de la Dauversière érigé dans le parc des Carmes.

EN CE LIEU
ANCIEN PORT DU PRÉ LUNEAU
SE SONT EMBARQUÉS
EN 1640, 1642, 1653, 1659
278 HOMMES
45 FEMMES ET ENFANTS
AINSI QUE 3 RELIGIEUSES HOSPITALIÈRES
DU PAYS DE LA FLÈCHE
ET DES PROVINCES VOISINES
À L'INSTIGATION DU FLÉCHOIS
JÉRÔME LE ROYER DE LA DAUVERSIÈRE
POUR L'ENTREPRISE DE LA FONDATION
DE MONTRÉAL EN CANADA

Cette plaque a été inaugurée le 2 Mai 1954
par son Excellence M^r. Jean DESY
Ambassadeur du Canada

Sur un mur de l'Hôtel-Dieu, rue Henri-Dunant, une plaque avec médaillon de bronze rend également hommage au Fléchois :

Poterne du château des Carmes, à La Flèche (XVe siècle).

JÉRÔME LE ROYER DE LA DAUVERSIÈRE
FONDATEUR DE L'HÔPITAL DE LA FLÈCHE
ET DE L'ORDRE DES HOSPITALIÈRES DE SAINT-JOSEPH
PROMOTEUR EN 1642 DE LA CRÉATION
DE VILLE-MARIE DEVENUE MONTRÉAL

Médaillon
offert par la Ville de Montréal
à la Ville de La Flèche
4 mars 1956

Si vous vous intéressez à l'histoire, les religieuses vous montreront de précieux contrats d'engagement de pionniers pour Montréal. Elles vous conduiront aussi dans la chapelle de l'hôpital. Au-dessus de la porte d'entrée du chœur, une très ancienne inscription indique qu'« Icy a été déposé le cœur de Mre Jérosme Le Royer de La Dauversière lequel après avoir étably les religieuses hospitalières de St Joseph d'abord à La Flèche où est la première maison de l'ordre et en suitte à Moulins, à Nismes et dans la Nouvelle-France, est mort le 6 nouemb. 1659, aagé de 63 ans ».

Ce ne fut pas le lieu du dernier repos du cœur du fondateur. Plus tard, on le plaça avec les restes d'autres personnes ; c'est une autre inscription qui nous l'apprend :

Ici ont été déposés
le 15 mai 1838
les restes vénérés
de messire Jérôme
Le Royer de La Dauversière,
notre instituteur,
et de six de nos fondateurs,
bienfaiteurs ou amis,
exhumés du caveau funéraire
sous l'église
de notre ancienne maison
le 5 mars 1809
et aussi ceux
de M^r. l'abbé Chevellier,
notre aumônier
décédé le 12 9bre 1831,
bienfaiteur
et réparateur de cette maison
après la révolution de 1793

Ce vénéré cœur n'en était pourtant pas à sa première translation. Lors du décès du personnage, sa famille réclama son cœur, le fit embaumer et le déposa dans un contenant de plomb. Longtemps après, soit en 1718, un petit-fils du fondateur fit ériger dans les jardins de son château de La Motte-Lubin une chapelle dédiée à saint Joseph et y plaça le reliquaire, qui y demeura jusqu'en 1836, alors que la famille Le Royer le céda à l'Hôtel-Dieu de La Flèche. Le château de La Motte-Lubin est situé un peu en retrait de la D 306, à quelque 5 km au nord-ouest de La Flèche, un peu avant Crosmières. La petite chapelle existe toujours, mais on ne peut la visiter.

On ne voudra sans doute pas quitter La Flèche sans voir la poterne de l'ancien château des Carmes, flanquée de tourelles qui donnent sur le Loir ; le parc des Carmes, où l'on a dévoilé le buste du sieur de La Dauversière, est parsemé de miroirs d'eau dans lesquels se reflètent tilleuls, ormes et platanes. Mentionnons aussi la chapelle Notre-Dame-des-Vertus, charmant édifice à portail en plein cintre et absidioles en cul-de-four, et dont les boiseries Renaissance font l'admiration des connaisseurs.

À 8 km à l'ouest de La Flèche, sur la N 23, se rencontre BAZOUGES-SUR-LE-LOIR, dont l'église date du XIIe siècle ; sa voûte de bois s'orne de peintures naïves du XVIe siècle. Si nous la signalons, c'est qu'elle eut pour curé Ignace Le Royer de La Dauversière, le fils de Jérôme. C'est sur la route conduisant à Angers.

L'église de Bazouches-sur-le-Loir.
Le fils de M. de La Dauversière, Ignace, y fut curé.

ANGERS

On devine facilement l'intérêt que cette ville, capitale de l'ancien comté d'Anjou, sur lequel régna la première maison de ce nom, d'où sont issus les Plantagenêts, peut offrir aux friands d'histoire et aux amateurs de vieilles pierres.

Depuis La Flèche, c'est la N 23 qui y conduit, en un peu moins de 50 km. Angers chevauche la Maine, rivière qui se jette dans la Loire à quelques kilomètres en aval. Le plus remarquable de ses monuments, le plus spectaculaire, est l'ancien château édifié au XIIIe siècle sur l'ordre de Blanche de Castille : pas moins de 17 grosses tours flanquent ses remparts, que ceinturent des fossés ornés de jardins. C'est l'une des forteresses les mieux conservées de France. Un pont-levis lui donne accès, et, du haut des murs que parcourt un chemin de ronde de près d'un kilomètre, on peut voir un magnifique panorama de la ville.

La cathédrale Saint-Maurice, qui date de près de huit siècles, se distingue par une nef d'une largeur exceptionnelle et des vitraux d'époque ; entre ses flèches, une tour épousant la forme d'une coupole porte à son sommet la croix angevine, à double croisillon : la croix dite de Lorraine.

L'ancien évêché est un joyau de l'architecture Renaissance. C'est ici que le vénérable évêque d'Angers, Claude de Rueil, sanctionna la fondation des « Filles Hospitalières de Saint Joseph », puis édicta le décret leur permettant de se consacrer par des vœux religieux ; c'est également ici que son successeur, Mgr Henri Arnauld, après moult hésitations, permit à la communauté d'envoyer des religieuses à Ville-Marie pour y fonder l'Hôtel-Dieu.

Les fervents d'architecture admireront l'église Saint-Martin, qui présente des parties carolingiennes, romanes et gothiques ; c'était celle du quartier du chirurgien René Goupil, arrivé à Québec en 1640 et martyrisé en Iroquoisie deux ans plus tard, alors qu'il venait tout juste de prononcer ses vœux de frère jésuite entre les mains du missionnaire Isaac Jogues. On le vénère comme le premier jésuite martyr du Canada. Il a été canonisé en 1930.

Enfin, si l'on souhaite retrouver une ambiance médiévale, les vieilles rues qui nichent sous les murs du château et cheminent à l'ombre de la cathédrale offrent une variété de façades anciennes. Quant aux musées, leur nombre ne saurait en permettre l'énumération ; signalons celui des Tapisseries, le plus riche du monde, qu'abrite le château, et celui du Vin, tenu dans un cellier taillé en plein roc, et que coiffent les greniers de l'hôpital Saint-Jean (XIIe s.), où une salle à colonnes monolithes présente dix tapisseries de Jean Lurçat, *Le Chant du Monde*.

L'église Saint-Martin, à Angers, paroisse du chirurgien René Goupil.
Elle présente des parties carolingiennes, romanes et gothiques.

L'Anjou, comme la Touraine d'ailleurs, a accueilli, après le traité de Paris, des personnages nés au Canada et qui préférèrent finir leurs jours en France plutôt que sous le nouveau régime. Mais ce que l'on sait moins, c'est que des Canadiens de bien plus ancienne origine y ont été amenés. En effet, on trouve dans les registres paroissiaux la mention du baptême d'un « sauvage » du Canada, originaire de Québec ou de l'île de Montréal. Et ces « touristes » suscitaient tant de curiosité que d'astucieux aubergistes placèrent leur établissement à l'enseigne du *Sauvage* ou encore de *L'Homme Sauvage*. Deux auberges d'Angers arboraient pareille enseigne, l'une au faubourg Saint-Jacques, l'autre au faubourg Bressigny. Et, au XVIIIe siècle, des Canadiens vinrent à Angers, attirés par la grande réputation de son Académie d'équitation, que fréquentaient de jeunes gentilshommes accourus de tous les pays étrangers.

Rappelons enfin que le Québec doit au Bon-Pasteur d'Angers — qui a d'ailleurs son boulevard du Bon-Pasteur — son institut de ce nom. C'est en 1829 qu'Euphrasie Pelletier, canonisée depuis, fonda le Bon-Pasteur d'Angers. Quinze ans plus tard, cette communauté s'établissait à Montréal avec pour objectifs la protection des jeunes délinquantes et la réhabilitation des prisonnières. Avant la fin du siècle, les religieuses de Montréal avaient déjà ouvert des établissements en Équateur, au Pérou et en Bolivie.

Quittons Angers par la D 107, qui file droit vers le nord. Après 9 km, à Épinard, se présente sur la gauche la D 191, qui, 5,50 km plus loin, atteint Feneu. Ici passe la D 168. Empruntons-la sur la droite, c'est-à-dire vers le nord, jusqu'à Miré (24,50 km). Un peu au-delà, cette voie devient la D 27 au moment où l'on passe du département de Maine-et-Loire à celui de Mayenne, puis la D 309 alors que l'on pénètre dans le département de la Sarthe et que l'on poursuit jusqu'à SABLÉ-SUR-SARTHE. Depuis Miré jusqu'à Sablé, la distance n'est que de 16 km.

Les touristes connaissent Sablé-sur-Sarthe surtout à cause de la célèbre abbaye de Solesme, qui en est proche. En 1711, à Sablé, Colbert de Torcy fit construire le château, dont la façade se détache, blanche et noble, en haut de la ville. Ce personnage était le neveu du grand Colbert, qui, sous Louis XIV, retira la Nouvelle-France du régime des compagnies pour la placer sous l'autorité directe du roi.

Nous nous en voudrions de ne pas signaler ici aux Lavallois du Québec qu'ils ne se trouvent qu'à 43 km de leurs homonymes, soit de la ville de LAVAL, préfecture du département de la Mayenne. C'est la D 21 qui y conduit, depuis Sablé-sur-Sarthe.

La baronnie de Laval fut érigée en comté en 1429, et elle appartint à la prestigieuse famille des Montmorency. La branche des Montmorency-Laval, dont était issu François, le premier évêque de la Nouvelle-France, date du XIIIe siècle ; il tenait le nom de Laval d'une de ses tantes, Anne, fille unique de Guy, sixième de ce nom, et épouse de Mathieu de Montmorency, l'un des cinq connétables de cette maison.

C'est dès 1970 que les autorités de notre ville de Laval songèrent à un jumelage avec celle de la Mayenne ; elle n'existait alors que depuis cinq ans, ayant été formée en 1965 par la fusion des quatorze municipalités de l'île Jésus. Ces «fiançailles» se concrétisèrent en septembre 1984. Depuis lors, les échanges se sont multipliés entre les deux villes : délégations officielles, stages d'étudiants, etc.

La préfecture de la Mayenne a conservé beaucoup de témoins de son passé, notamment son Pont-Vieux, qui enjambe la Mayenne, et surtout le château, bâti au XIe siècle, dont le donjon cylindrique possède une remarquable charpente vieille de huit siècles, et qui abrite la salle d'honneur des comtes de Laval, longue de plus de 30 mètres, et dotée d'une intéressante voûte en bois.

La porte Beucheresse, avec ses énormes tours du XVe siècle, les maisons à pans de bois et encorbellement, notamment celle du Grand Veneur (XVIe s.), le musée d'Art et d'Archéologie et le musée d'Art naïf, pour ne mentionner que ceux-là, sont autant d'autres attraits qui retiennent le visiteur. Et ceux qui s'intéressent à l'architecture religieuse y trouveront une demi-douzaine d'églises dignes de leur attention : la cathédrale de la Trinité est un monument composite où tous les styles s'interpénètrent ; Notre-Dame-d'Avesnières, de style gothique primitif et d'ornementation romane, a une remarquable abside à déambulatoire et cinq chapelles rayonnantes.

À partir de Sablé-sur-Sarthe, notre étape suivante était Le Mans. Depuis Laval, la N 157 y conduit (70 km), mais revenons à notre itinéraire là où nous l'avons laissé.

C'est par la D 309 que nous irons de Sablé-sur-Sarthe au Mans (48 km), mais quiconque s'intéresse au chant grégorien, et nombreux sont les Québécois dont c'est le cas, ne voudra pas se priver d'une visite à la célèbre abbaye de SOLESMES, qui n'est qu'à 3 km à l'est de Sablé par la D 138.

C'est un seigneur de Sablé qui fonda l'abbaye il y aura bientôt mille ans. L'institution a connu bien des vicissitudes : elle passa par la richesse et la décadence avant de connaître la ruine lors de la Révolution, et c'est un fils de Sablé, Dom Guéranger, qui racheta le monastère en 1833 et, quatre ans plus tard, obtint de Grégoire XVI l'autorisation d'y réorganiser l'ordre bénédictin. Solesmes devint alors l'abbaye mère de la Congrégation de France.

En 1901, nouvelle épreuve : la loi sur les congrégations chasse les religieux de France, mais elle est abrogée et, vingt ans plus tard, ils reviennent à l'abbaye pour ne plus la quitter.

Depuis la rive droite de la Sarthe, l'abbaye constitue un ensemble imposant, s'inspirant à la fois de celle du Mont-Saint-Michel et du palais des Papes d'Avignon. Une fois franchi le grand portail du XVIIᵉ siècle, une petite cour paisible invite au recueillement. Au fond, une porte du XVᵉ siècle s'ouvre dans l'église, longue, étroite, mystérieuse. Les arcades de la nef datent du XIᵉ siècle. Les célèbres *Saints de Solesmes*, des groupes sculptés, occupent les croisillons du transept. Côté droit, le *Tombeau de Notre Seigneur* constitue une sorte de reliquaire pour recevoir la Sainte-Épine, qui y est vénérée le lundi de Pâques. Au-delà du transept, le chœur des moines.

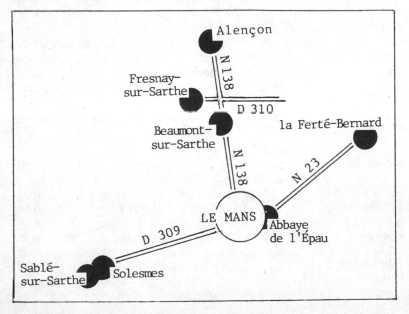

LE MANS

C'est donc par la D 309 que nous arrivons au Mans, une ville importante avec plus de 150 000 habitants. C'est le chef-lieu du département de la Sarthe, et la rivière de ce nom la traverse. Sa situation géographique lui a valu son essor, au point de rencontre de grandes lignes ferroviaires et de routes majeures desservant la Bretagne, la Normandie et la Touraine, et son dynamisme lui a assuré la prospérité commerciale et industrielle.

Comment s'étonner que la grande épreuve annuelle des Vingt-Quatre Heures du Mans y soit tenue, quand on sait que dans cette ville Amédée Bollée, un fondeur de cloches, a contribué aux balbutiements de l'automobile par sa première voiture (1873), que son fils, du même prénom, y consacra toute sa vie au perfectionnement des voitures de sport, et qu'en 1936 Louis Renault y installait sa première usine, devenue l'une des plus importantes de l'ensemble qui porte son nom ?

Mais, en se tournant vers le progrès, les Manceaux n'ont pas oublié le passé. Ils ont conservé un très riche patrimoine que les Québécois ont des raisons particulières d'apprécier car des pionniers venus d'ici ont fondé des lignées en Nouvelle-France. C'est, par exemple, dans l'église Notre-Dame-de-la-Couture que fut baptisé Louis Ledoux, qui allait être l'un des premiers citoyens de Varennes, père de 14 enfants, et qui décéda dans cette localité en 1708, à l'âge de 80 ans. C'est l'église abbatiale d'un monastère fondé il y a un millénaire. Son

L'église Notre-Dame-de-la-Couture, dont la nef est de style roman angevin, était celle de la famille Faribault.

beau portail date du XIIIe siècle ; il est encadré d'apôtres terras-
sant les forces du Mal. Sa vaste nef est de style roman angevin.

Rive gauche se trouve l'église Saint-Benoît, de style Renaissance, qui possède des reliques de sainte Scholastique,
sœur de saint Benoît. Ici fut baptisé Julien Léonard dit Dusablon,
fils d'un notaire royal, et qui pratiqua la profession de chirurgien
en Nouvelle-France ; au début du XVIIIe siècle, on le retrouve
dans l'île d'Orléans.

C'est aussi de la paroisse de Saint-Nicolas que nous vint
Marc Girard ; il y était né en 1642, et en 1666 il habitait également dans l'île d'Orléans.

Notons aussi que la famille Faribault, qui a donné au
Québec des citoyens qui sont passés à l'histoire, était originaire
du Mans. Barthélemi Faribault, notaire, arrivé au Canada comme
secrétaire de l'armée que commandait le marquis de Du
Quesne, y demeura sous le Régime anglais et se retira à
Berthier, où il exerça sa profession jusqu'à son décès. Son fils
aîné, portant le même prénom, fin lettré, pratiqua la même
profession et se distingua comme un bibliographe érudit. Quant
au benjamin de la famille, Jean-Baptiste, il devait être le premier
défricheur de l'ouest du Minnesota. Sa maison, située dans cet
État américain, à Mendota, est devenue un monument historique.

Le joyau par excellence du Mans est sans doute la cathédrale Saint-Julien, dédiée au premier évêque du lieu, qui domine
orgueilleusement la place des Jacobins. Son chevet gothique
impressionne avec ses solides arcs-boutants à double volée.
L'intérieur est un admirable vaisseau roman reposant sur de
grandes arcades en plein cintre.

Le transept retient l'attention par sa légèreté, tout ajouré
par sa galerie à colonnettes et éclairé par d'immenses verrières.
Un double déambulatoire à chapelles rayonnantes entoure le
chœur, que l'on considère comme l'un des plus beaux de
France.

Entre la cathédrale et l'église Saint-Benoît s'étend le vieux
Mans, regorgeant de maisons anciennes et dominant la Sarthe.
Mentionnons la maison dite de la Reine Bérengère, devenue
un musée d'histoire et de traditions populaires, celle des Deux-
Amis, où l'on constate que ceux-ci se tournent le dos, celle
encore du Pilier-Rouge, son pilier cornier orné d'une tête de
mort. On n'en finirait pas d'énumérer ces constructions des XVe
et XVIe siècles. Le vieux Mans a gardé son enceinte gallo-
romaine et sa grande poterne (IIIe s.).

Le Mans, c'est un peu la « patrie littéraire » d'Antoine de
Saint-Exupéry, car il y étudia plusieurs années, au collège
Sainte-Croix. Et si vous frappez à la porte de l'institution, on
vous montrera l'un de ses devoirs d'étudiant qui ne laissait pas
prévoir sa remarquable carrière d'écrivain, car son professeur
a inscrit des remarques dans la marge : « mal dit — passable
— assez bien — style parfois lourd »...

Les Québécois sont sensibles au souvenir de cet auteur-aviateur. C'est à Montréal qu'il prit pour la première fois la parole en public, timidement. L'aviateur parlait volontiers de son métier, jamais de ses livres. Pourtant, le 19 mai 1942, à l'*Auberge des Deux Lanternes*, l'une des rares bonnes tables de la périphérie de Montréal à ce moment-là, Saint-Exupéry signait une page du livre d'or de l'établissement après l'avoir ornée d'un... petit prince aux commandes d'un aéroplane. Dans une bulle comme on en trouve dans les bandes dessinées, il lui faisait dire : « Quand la guerre sera finie, si je reviens de cette promenade vers Ariel, j'irai visiter le Canada, qui est un pays merveilleux. » Le matin, assis devant l'âtre de l'auberge, il avait essuyé une larme en entendant des enfants dépenaillés, rassemblés à la hâte, chanter de vieux airs de France. Son *Petit Prince* devait paraître l'année suivante, et, en 1967, l'emplacement de l'exposition universelle de Montréal allait être nommé d'après le titre d'un autre de ses ouvrages, *Terre des hommes*. Le Mans, comme il convient, a sa rue de Saint-Exupéry.

En avril 1977, à l'abbaye de l'Épau, située en banlieue du Mans, près d'une centaine de Québécois des Sept-Îles remettaient aux autorités départementales des coffrets de verre contenant du minerai de la Côte-Nord en vue d'un éventuel jumelage. Des échanges se sont poursuivis par la suite, et le doyen de la faculté de droit et de sciences économiques de l'université du Maine, Christian Philip, allait devenir président de l'Association France-Québec.

À partir du Mans, nous proposons aux Québécois qui s'intéressent de façon particulière à Mme de La Peltrie, dont nous avons évoqué le souvenir à Bivilliers, au Perche, une

Il ne subsiste, à Fresnay-sur-Sarthe, que des vestiges des ouvrages militaires dont le père de la future Mme de La Peltrie eut le commandement.

excursion d'une cinquantaine de kilomètres vers le nord par la N 138.

À 30 km du Mans, en suivant cette route, se présente la D 310, qui, sur la gauche, conduit à FRESNAY-SUR-SARTHE. Lorsque le duc de Mayenne, au nom de la Ligue, s'empara d'Alençon, peu avant la fin du XVIe siècle, Guillaume Cochon de Vaubougon y était le président des élus et on l'enferma, mais il parvint à s'évader et on lui confia alors le commandement de la place forte de Fresnay. C'est plus tard qu'il devint le père de Mme de La Peltrie.

Il ne reste plus des ouvrages militaires que deux tours flanquant l'entrée de la ville, mais, depuis l'enceinte de l'ancien château, la vue sur la Sarthe est superbe. Pendant la saison estivale, on peut voir un original musée de coiffes dans l'une des tours.

Revenons à la N 138 et reprenons-la vers le nord : 14 km et nous atteignons ALENÇON, dont un point de dentelle arachnéenne porte le nom. De l'ancien château, il ne subsiste que les deux tours qui en encadraient l'entrée principale. C'est ici que le père de Mme de La Peltrie fut incarcéré.

En 1602, Guillaume Cochon acheta la terre de Chauvigny, près d'Alençon, et il en prit par la suite le nom. La jeune Madeleine, ayant alors 15 ans, devint Mlle de Chauvigny. L'église Notre-Dame, qui était celle de la famille, est un monument historique que les Québécois voudront visiter. Sa construction, commencée pendant la guerre de Cent Ans, ne fut terminée qu'à la fin du XVIe siècle. Son portail, flanqué de deux tourelles, est précédé d'un porche surmonté d'une haute balustrade de style gothique flamboyant. Sa voûte, haute de plus de 30 mètres,

Aspect du château d'Alençon, où fut détenu
Guillaume Cochon de Vaubougon.

à nervures richement ornées de sculptures de chimères et de monstres, est un chef-d'œuvre de la fin du Moyen Âge.

La future Mme de La Peltrie passa sa jeunesse à Alençon, partageant surtout ses loisirs entre deux petits manoirs de la région, celui de Chauvigny, qui existe toujours en toute proche banlieue mais qui a été très remanié, et celui de Rouillé-Harenvilliers, situé à une vingtaine de kilomètres au nord-est d'Alençon, à la limite des paroisses de Saint-Aubin-d'Appenai et de Laleu. Le second a conservé tout son charme de jadis.

Signalons enfin qu'à Saint-Germain-du-Corbéis, à 5 km au sud-ouest d'Alençon, le château de l'Isle possède des archives qui ont trait à celle que l'on désigne comme la fondatrice séculière des ursulines de Québec.

Revenons au Mans, que nous avons momentanément quitté pour cette excursion vers Alençon. Au Mans se jette dans la Sarthe une petite rivière, l'Huisne, qui arrose de gras pâturages. Nous vous invitons maintenant à en suivre approximativement le cours jusqu'à une pittoresque petite ville d'où sont partis d'autres pionniers du Québec. Empruntons donc, au Mans, la N 23, direction est-nord-est, qui passe dans le voisinage de l'abbaye de l'Épau. Après 43 km, vous atteignez LA FERTÉ-BERNARD, où l'Huisne et son modeste affluent, la Même, se divisent en plusieurs bras, ce qui fait de la localité une sorte de petite Venise émaillée de lavoirs fleuris.

C'est en partie sur pilotis, au milieu de marais, que fut construite la ville à l'origine, d'où le nom de son église : Notre-Dame-des-Marais. C'est un très beau bâtiment qui charme les amateurs d'architecture. Son chœur Renaissance est aussi grandiose qu'harmonieux. On considère cette église comme une excellente illustration de la transition flamboyant-Renaissance.

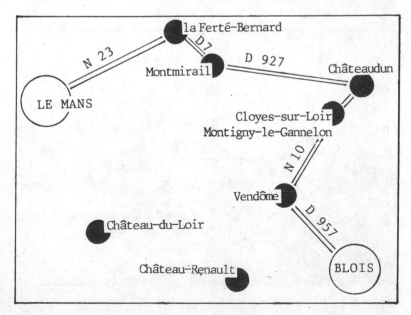

Ses caractéristiques n'échappent pas à l'œil averti : chapelle du Rosaire, véritable châsse de pierre ciselée au plafond décoré de stalactites, bustes d'empereurs romains, bénitiers Renaissance, vitraux du XVIe siècle valent d'être admirés spécifiquement. On dirait une petite cathédrale, tant la voûte est altière.

À proximité des fonts baptismaux, une inscription retient l'attention :

> AUX FERTOIS
> PIERRE LABBÉ
> NÉ LE 30 JUIN 1643
> et PIERRE ROUAULT
> NÉ LE 23 MARS 1734
> PARTIS POUR LE CANADA
> « JE ME SOUVIENS »

Le premier, soldat du régiment de Carignan, se fixa dans l'île d'Orléans ; quant au second, lui aussi soldat, c'est à Québec qu'il s'établit.

Avant de quitter la petite ville, voir la porte Saint-Julien, flanquée de deux tours rondes et équipée de mâchicoulis, que protège un fossé alimenté par l'Huisne. Seul vestige des anciens remparts, elle a gardé les rainures dans lesquelles se déplaçait la herse.

Depuis La Ferté-Bernard, nous nous dirigeons vers les bords de la Loire et nous pénétrerons ainsi dans l'ancien Orléanais, mais ici encore nous proposons un crochet qui permettra de voir un château que l'on croirait jailli d'un conte de fées.

La porte Saint-Julien, à La Ferté-Bernard.

Le château de Montigny-le-Gannelon.
On le croirait surgi d'un conte des mille et une nuits.

Sortons de La Ferté-Bernard par la D 7, direction sud-est ; elle devient rapidement la D 36 et conduit à Montmirail (15 km). Ici passe la D 927 ; l'emprunter sur la gauche jusqu'à Châteaudun (47 km), dont on admirera le château, qui présente l'aspect d'une forteresse dont la haute muraille se dresse à plus de 60 mètres au-dessus du Loir.

À Châteaudun, prendre, sur la droite, la N 10 ; à 12 km, juste avant la commune de Cloyes-sur-le-Loir, on apercevra, côté droit, se reflétant sur le Loir, la façade du château de MONTIGNY-LE-GANNELON.

C'est vers la fin du XIIe siècle que le seigneur Jean de Montigny fit reconstruire le château, probablement détruit lors des campagnes menées par Henri II contre la France. Plusieurs parties des assises du bâtiment sont de cette époque. La famille de Montigny le vendit, à la fin du XIVe siècle, à Charles, duc d'Orléans, puis il passa à la famille de Renty, à qui l'on doit toute l'aile actuelle de style Renaissance.

Au cours des deux siècles suivants, plusieurs propriétaires s'y succédèrent, qui malheureusement trafiquèrent le château pour le mettre au goût du jour. Au siècle dernier, c'est la famille de Lévis-Mirepoix qui en fit l'acquisition et, depuis lors, s'emploie à le restaurer et à lui rendre son authenticité. De nos jours, la vicomtesse Gérard de Talhouet, née Lévis-Mirepoix (Marie-Claire), a repris le flambeau. Elle a même fait produire du tissu pour le revêtement de certaines pièces en se basant sur des échantillons prélevés, portant le chiffre du connétable Anne de Montmorency.

À la façade Renaissance a été apposée une plaque de marbre :

> À LA MÉMOIRE DU CHEVALIER
> FRANÇOIS GASTON DE LÉVIS
> 1720-1787
> MARÉCHAL DE FRANCE
> DÉFENSEUR DU CANADA

Le parc du château est planté de cèdres, de tilleuls et de hêtres, et ses terrasses offrent de beaux panoramas de la vallée du Loir. Le château s'orne d'une collection de tableaux de grande taille ayant trait aux familles de Montmorency et de Lévis. On y conserve un livre d'or d'impressionnant format rapporté de Québec en 1895 par le marquis Gaston de Lévis, qui y avait dévoilé la statue du chevalier de Lévis ornant la façade du palais législatif, de même qu'un reliquaire contenant un petit morceau de tissu qui fut trempé dans le sang de Mgr de Laval. Le château étant propriété privée, on ne le visite pas.

Façade Renaissance du château de Montigny-le-Gannelon.

ORLÉANAIS

Lorsque à la fin du Vᵉ siècle les Francs s'établissent dans cette région, elle est depuis longtemps entrée dans l'histoire : en l'an 52 avant J.-C., c'est de Genabum (Orléans) que débuta l'embrasement général de la Gaule. Au début de notre ère, les légions romaines s'y installent. L'Orléanais forma un comté dès l'époque des Carolingiens, et, lors de l'avènement de Hugues Capet, il fut intégré au domaine royal. Confié en apanage à plusieurs princes du sang, c'est seulement en 1626 qu'il lui fut définitivement attaché.

C'est à Blois que nous retrouverons la Loire. Reprenons donc la N 10 à Cloyes-sur-le-Loir ; elle y franchit le Loir et en suit plus ou moins le cours jusqu'à Vendôme (28 km), où la petite rivière se divise en plusieurs bras étroits. Cette ville, que l'on devine riche en monuments anciens, fut fort disputée à cause de sa position stratégique.

À Vendôme, emprunter la D 957, direction sud-est : il suffit de 32 km pour atteindre la rive droite de la Loire.

À Blois, la statue de Jeanne d'Arc
s'inscrit dans un écrin de fleurs et de verdure.

B L O I S

L'orgueil de cette ville, c'est son château, l'un des plus intéressants de la vallée de la Loire. Sa description ne saurait trouver place ici, compte tenu de l'étalement de sa construction sur cinq siècles ! Le bâtiment éclaire pour ainsi dire toute l'histoire et l'art de la région blésoise. L'un de ses principaux attraits est sans doute le grand escalier de François Ier, finement sculpté, orné de salamandres et de monogrammes, et qui monte dans une cage octogonale évidée entre les contreforts, présentant ainsi des balcons par lesquels les grands personnages arrivaient aux réceptions. Ce château est si chargé de souvenirs qu'en faire le tour avec un guide expérimenté constitue une magistrale leçon d'histoire.

Est-ce bien ici que Claude de Pontbriant, qui accompagnait Cartier sur le mont Royal le 3 octobre 1535, est décédé dans les bras de François Ier et en présence de Rabelais ? On l'a prétendu, mais nous n'en avons trouvé aucun indice sûr. Claude de Pontbriant souffrit probablement du scorbut au cours de l'hiver qu'il passa à Québec avec le navigateur malouin ; en tout cas, il décéda en 1536, l'année même de son retour. C'était l'un des échansons du roi. Nous avons évoqué la mémoire de ce personnage en visitant la Bretagne, car sa famille était originaire de cette province.

En l'an 1429, Jeanne d'Arc, en route pour Orléans, fit bénir son étendard à Blois. On ne s'étonnera pas de ce que la ville possède une statue de la Pucelle, érigée dans les magnifiques jardins de l'ancien évêché, d'où s'offre un magnifique panorama sur la Loire. Or, le visiteur québécois qui aperçoit cette statue pour la première fois jurerait l'avoir déjà vue. La raison en est simple : il en existe une semblable à Québec, dans le parc des Champs de Bataille. Approchons-nous du piédestal :

> CETTE STATUE FUT OFFERTE
> À LA FRANCE ET À
> LA VILLE DE BLOIS
> PAR UN CITOYEN AMÉRICAIN
> J. SANFORD SALTUS

Étonnant parallèle, c'est un couple, également d'origine américaine, qui a offert la statue de Jeanne d'Arc à la Commission des Champs de Bataille nationaux, comme emblème du patriotisme et de la vaillance des héros de 1759 et de 1760.

M. et Mme A.W. Huntington étaient venus à Québec pour leur voyage de noces. Mme Huntington, née Hyat (Ann), était un sculpteur réputé qui avait été honoré de la Légion d'honneur.

Lors de notre passage à Rochefort, l'arsenal maritime du ponant créé de toutes pièces au XVIIe siècle, nous avons évoqué la figure de Michel Bégon, qui en fut l'intendant et dont deux fils ont occupé d'importantes fonctions en Nouvelle-France.

Michel Bégon appartenait à l'une des familles les plus distinguées de l'Orléanais. Il était né à Blois en 1638 et était seigneur de La Picardière. Il ne semble rien subsister à Blois de ce qui fut sans doute le manoir ou le château de la famille, mais on y trouve des mémentos qui nous rappellent le souvenir de celle-ci : le nom des Bégon a été donné à une rue, de même qu'à un collège d'enseignement supérieur. Mais ce n'est pas tout.

L'un des fils de Michel, portant le même prénom, fut intendant de la Nouvelle-France pendant quatorze ans. Quand il rentra en France, ruiné par l'incendie du palais de l'Intendance, à Québec, il se retira sur la terre de La Picardière, et il y décéda en 1747.

Blois possède plusieurs belles maisons anciennes. L'une des plus intéressantes est l'hôtel d'Alluye, situé rue Saint-Honoré, à faible distance du château. Ce fut la demeure de la famille Bégon pendant deux siècles. Construit à la fin du XVe siècle pour Florimont Robertet, trésorier de Charles VIII, de Louis XII et de François Ier, cet édifice à la façade de brique et

La très belle cour intérieure de l'hôtel d'Alluye,
qui fut propriété de la famille Bégon.

de pierre possède une remarquable cour intérieure avec galerie à l'italienne et médaillons des douze Césars.

Claude Michel Bégon, le frère de l'intendant, demeura en Nouvelle-France après le départ de celui-ci ; il y occupa divers postes, et il était gouverneur des Trois-Rivières depuis cinq ans lors de son décès, en 1748.

Notons enfin que la sœur Judith Moreau de Brésoles, fondatrice et première supérieure de l'Hôtel-Dieu de Montréal, avait vu le jour à Blois en 1620.

En quittant Blois, franchissons la Loire et prenons, sur la gauche, la D 951, qui longe le fleuve. Après 9,50 km se présente, sur la droite, la D 84 ; elle conduit, en 8 km, au splendide château de CHAMBORD, une création grandiose de François Ier. Si nous le mentionnons, c'est que le roi fit appel, pour cette réalisation, à François de Pontbriant, en sa qualité d'architecte ; il était l'oncle de Claude de Pontbriant, déjà mentionné, cet échanson que François Ier envoya au Canada avec Jacques Cartier en 1535, et à qui la métropole du Québec doit probablement son nom, puisqu'il était déjà « dit Montréal », son père étant seigneur du Montréal du Périgord (dans l'actuel département de la Dordogne).

Poursuivons notre route sur la D 951 ; à 4 km à l'est de la D 84, voici Saint-Dyé-sur-Loire, qui a sa rue du Canada.

Encore 4 km et nous voici à MUIDES-SUR-LOIRE. C'est une modeste commune qu'aucun guide touristique ne vous suggérera de visiter, mais un Québécois souhaitera le faire s'il sait qu'ici, après la Conquête, se sont réfugiés deux Canadiens prestigieux : Pierre de Rigaud, marquis de Vaudreuil, dernier gouverneur de la Nouvelle-France, et son frère François Pierre, qui avait été gouverneur de Montréal.

Pierre de Rigaud fut à la fois le premier et le dernier fils du pays à occuper les hautes fonctions de gouverneur général de la colonie. Malheureusement, il y fut appelé en 1755, au moment où la France allait s'engager dans la guerre de Sept

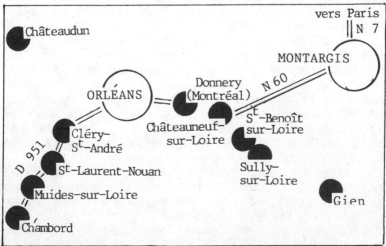

Le château de Colliers, à Muides-sur-Loire, qu'achetèrent Pierre de Rigaud, marquis de Vaudreuil, et son frère, François Pierre.

Ans, qui devait sceller le sort du Canada. On le mit à la Bastille, tout comme l'intendant Bigot et les prévaricateurs qui gravitaient autour de lui. En 1764, le ministre Choiseul l'informait que son administration avait été jugée exempte de tout reproche.

Pierre et François Pierre de Rigaud se retirèrent au « château » de Colliers, à Muides, un édifice qui n'avait rien de la majesté des nobles demeures de la Loire. C'était plutôt un manoir accompagné de communs. C'est aujourd'hui une auberge, et si le maître de céans vous donne la meilleure chambre, dans le corps principal de la maison, peut-être dormirez-vous là où en fit autant un personnage qui tint en ses mains les destinées de la Nouvelle-France après avoir été gouverneur de la Louisiane.

Reprenons la D 951, toujours dans la direction du nord-ouest. Après 8,50 km, nous traversons Saint-Laurent-Nouan. Ici se dresse la grande centrale nucléaire de Saint-Laurent-des-Eaux. Plus loin, à 15,50 km, voici CLÉRY-SAINT-ANDRÉ. C'est ici qu'en 1521 décéda François de Pontbriant, dont nous avons parlé plus haut.

Entrons dans la basilique, qui date du XVe siècle, et dirigeons-nous vers la chapelle Saint-Jacques, dans le bas-côté droit. Elle a été érigée par Gilles de Pontbriant, doyen du chapitre, et son frère François, pour leur servir de tombeau. L'église se dressant sur le chemin de Saint-Jacques-de-Compostelle, la voûte de la chapelle évoque les pèlerins avec ses cordelières, ses bâtons et ses besaces. Aux murs, sur un fond de mouchetures d'hermine, se distinguent les ponts figurant dans les armoiries de la famille.

Les frères de Pontbriant y attendent la résurrection en bonne compagnie : Louis XI, qui avait offert une quantité d'argent égale à son propre poids pour assurer la construction de l'église, y a son cénotaphe et son tombeau.

Nous ne sommes plus ici qu'à 14 km de l'ancienne capitale de l'Orléanais.

ORLÉANS

De tout temps, ce fut l'un des grands points de convergence géographique le long de la Loire, ainsi qu'un centre commercial actif. La ville se déploie en demi-cercle sur la rive droite du fleuve, de sorte qu'il faut le traverser pour l'aborder. Le centre rayonne depuis la place du Martroi, où se dresse depuis 1855 une statue de Jeanne d'Arc. De son cheval, la Pucelle aperçoit le sommet des tours de la cathédrale Sainte-Croix, qui fut mise en chantier au XIIIe siècle. C'est un imposant bâtiment : ses dimensions sont à peu près celles de Notre-Dame de Paris.

Dans la crypte de la cathédrale subsistent des vestiges de trois constructions antérieures. Les bas-côtés de la grande nef s'ornent de verrières représentant la vie de la bergère de Domrémy. Lorsque, le soir 7 mai 1429, elle vint y remercier Dieu de sa victoire des Tourelles, c'est dans une cathédrale en pleine reconstruction qu'elle pénétra.

Même si, au lendemain de la guerre de 1939-45, il fallut reconstruire le cœur de la ville — celle-ci et son agglomération se retrouvèrent avec 1 000 maisons détruites et près de 3 000 endommagées —, Orléans conserve beaucoup de monuments, dont certains évoquent l'un des martyrs jésuites de la Nouvelle-France, Isaac Jogues, dont une rue porte le nom.

Derrière cette façade, à Orléans, est né le missionnaire Isaac Jogues.

La maison natale du missionnaire existe toujours. Si l'on emprunte la rue Royale, qui débute au sud de la place du Martroi, on atteint, juste avant d'arriver à la Loire, la place du Châtelet, côté est. Au fond de la place, une petite rue : celle du Petit-Puits. À l'angle de la place et de la rue se présente une porte cochère, tout à côté d'un établissement commercial. Au fond de la cour apparaît une façade Renaissance : c'est ici, disent les archivistes, que le père Jogues vit le jour en 1607.

Tout près, dans l'église Saint-Donatien, une inscription le rappelle :

> Le missionnaire martyr Isaac Jogues, massacré
> le 18 octobre 1646 à Auriesville (New York),
> fut baptisé le 10 janvier 1607 dans l'église toute
> proche de Saint-Hilaire du Châtelet, sa paroisse.
> Celle-ci ayant été détruite par la Révolution française,
> la paroisse a été rattachée à Saint-Donatien.

Clocher de l'église Saint-Paul, où les parents d'Isaac Jogues se marièrent.
L'édifice a été incendié en juin 1940.

Une partie de ce sanctuaire se trouve dans l'ancienne chapelle
de l'église Saint-Paul. Jeanne d'Arc vint prier ici en 1429.

Revenons rue Royale et remontons-la quelque peu. Sur
la gauche, emprunter la rue d'Avignon. On aperçoit, tout de
suite au-delà de la petite rue du Cheval-Rouge, la tour de l'église
Saint-Paul. C'est ici que se marièrent les parents du futur missionnaire : Laurent Jogues et Françoise Saint-Mesmin. L'église
ayant été incendiée en juin 1940, il n'en reste que la façade
(XVe s.) et la chapelle Notre-Dame-des-Miracles, qui abrite la
Vierge Noire. Jeanne d'Arc vint s'agenouiller ici :

> MAI 1429
>
> JEANNE D'ARC Y VIENT PRIER
> POUR LA DÉLIVRANCE D'ORLÉANS
>
> ———
>
> JUIN 1940
>
> LE SANCTUAIRE ÉCHAPPE
> À LA DESTRUCTION DE L'ÉGLISE ST-PAUL

En arrière du sanctuaire, prendre, sur la gauche, la rue
Notre-Dame-de-Recouvrance ; elle porte le nom d'une église
située juste avant le quai du bord de Loire, et qui consacre à
la mémoire du missionnaire martyr une chapelle ornée d'une
statue et des armoiries de la famille : « D'or, au chevron de
sable chargé de trois étoiles d'or, accompagné, en chef, de
deux rencontres de cerf, au naturel, et, en pointe, d'un rocher

d'argent duquel jaillit, à senestre, une fontaine, et accosté à dextre d'une cane nageante d'argent. »

Ces armoiries, on les retrouve sur une épitaphe rappelant un membre de la famille, Antoine Jogues, administrateur de l'Hôpital général d'Orléans, décédé en 1715.

En face de l'église existe toujours le bel hôtel qui fut celui de la famille.

Isaac Jogues a sa statue à New York, coulée dans le bronze des portes de la cathédrale St. Patrick's, de même qu'à Auriesville, près d'Albany, où les Iroquois le martyrisèrent. Le missionnaire fut canonisé en 1930.

Notre prochaine étape « québécoise » sera Montargis. Nous avons abordé la rive droite de la Loire en entrant dans Orléans ; nous la suivrons en quittant cette ville par la N 60, direction est, qui croise la N 152 en périphérie de l'agglomération. À quelque 10 km de ce carrefour, la N 60 franchit sous un viaduc la D 709, qui conduit à Donnery ; or, cette commune a sa rue de Montréal, qui, à l'ouest d'un lieu-dit de ce nom, devient la rue d'Orléans.

Continuons vers l'est sur la N 60, qui, 10 km plus loin, nous amène à Châteauneuf-sur-Loire.

Nous nous en voudrions, à ce stade-ci, de ne pas ouvrir une parenthèse, car nous nous trouvons à proximité d'attraits touristiques importants. À 13 km de Châteauneuf-sur-Loire, une basilique rappelle que la première abbaye bénédictine fondée en Gaule le fut sur les bords de la Loire au VIIe siècle : le chœur de la basilique de Saint-Benoît-sur-Loire date d'un millénaire, et c'est ici que furent apportés les restes de saint Benoît après la destruction du monastère du mont Cassin.

Puis, à 8 km de là, sur la rive droite de la Loire, voici Sully-sur-Loire, dont le château demeure l'une des plus belles forteresses féodales qu'on puisse voir encore. C'est ensuite Gien, à 25 km, avec son remarquable château, qui a survécu à la tourmente de la Deuxième Guerre mondiale, le « premier » des châteaux de la Loire que l'on rencontre en suivant le cours du plus long fleuve de France, et qui abrite le Musée international de la Chasse : musée d'art, avec ses tapisseries, ses peintures, ses sculptures, mais aussi musée technique qui possède de somptueuses collections d'armes et d'accessoires.

Et puis, à 10 km plus loin, Briare et son pont-canal, qui attire de nombreux touristes, car les péniches s'engagent résolument sur... un pont qui franchit la Loire !

Depuis Briare, on peut remonter jusqu'à Montargis par la N 7, une distance de 37 km.

Mais revenons à Châteauneuf-sur-Loire, qui, par la N 60, conduit à MONTARGIS en 45 km.

MONTARGIS

Située sur un éperon dominant le Loing, au carrefour de cinq voies ferrées, au cœur d'un important nœud routier et dotée d'un port actif sur le canal de Briare, Montargis oscille entre son appartenance au département du Loiret et son inclination pour Paris où ses prospères coopératives écoulent leurs produits. Sans doute cette « dualité » résulte-t-elle de sa situation géographique, à cheval sur les deux Gâtinais, l'orléanais et le français, que seul le Loing sépare. On a surnommé la ville la Venise du Gâtinais.

Montargis compte des monuments anciens. L'église de la Madeleine possède une nef du XIIe siècle et un remarquable chœur Renaissance doté d'intéressantes œuvres d'art. Un château domine la ville (XIIe-XVe s.). Ce que l'on sait moins, c'est que les premiers missionnaires récollets venus en Nouvelle-France partirent de Montargis.

À la fin du XVIe siècle, une épidémie de peste éclata. Le clergé séculier se souvint alors de la réputation de dévouement que les récollets de Nevers s'étaient acquise en d'aussi tristes circonstances, et il invita ceux-ci à fonder une maison dans les faubourgs. Les donations furent nombreuses, et peu après débutait la construction d'un couvent : le couvent de la Chaussée, placé sous le vocable de Notre-Dame-des-Anges.

L'ancien monastère Notre-Dame-des-Anges, à Montargis.
D'ici partirent les premiers missionnaires récollets
venus en Nouvelle-France, en 1615.

Les cordeliers, ainsi qu'on appelait alors les disciples de saint François, jouissaient de l'admiration générale. «L'odeur de leur bonne vie», lit-on dans une *Histoire du Gastinois* éditée à Paris en 1630, «était venue dedans Montargis.»

Or, le sixième supérieur des récollets de Montargis était, en 1613, le père Denis Jamet, et c'est lui qui, deux ans plus tard, fut désigné comme supérieur des missionnaires récollets en partance pour la Nouvelle-France, à la demande de Samuel de Champlain. Et, le 24 juin 1615, il célébrait la première messe dans l'île de Montréal, sur les bords de la rivière des Prairies.

Sept années passèrent, puis deux autres religieux quittaient à leur tour Montargis pour le Canada: Nicolas Viel, qui allait se noyer dans cette même rivière des Prairies en 1625 avec son disciple Ahuntsic, et Gabriel Théodat Sagard, qui en 1632 devait publier à Paris son ouvrage intitulé: *Le Grand Voyage au Pays des Hurons, situé en l'Amérique vers la Mer Douce, ès derniers confins de la Nouvelle-France dite Canada.* Le livre s'accompagnait d'un premier dictionnaire de la langue huronne!

En 1630, les récollets vendaient leur couvent de la Chaussée aux bénédictines, et en 1974 on rasait à peu près tout afin de faire place à un foyer pour personnes âgées. Le couvent était situé dans les faubourgs lors de sa construction. La rue de la Chaussée, qui en porte toujours le nom, franchit le Loing et court vers l'est. Au carrefour de la Chaussée, une porte cochère donne sur une cour intérieure. Au fond de celle-ci, au-dessus d'un entrepôt, une petite fenêtre cintrée, probablement tout ce qui reste de l'ancien couvent de Notre-Dame-des-Anges. C'est peut-être d'ici que les missionnaires récollets jetèrent un dernier coup d'œil sur Montargis avant de partir pour la Nouvelle-France.

Mentionnons qu'un autre supérieur des récollets de Montargis rendit de fiers services à la colonie: le père Charles Rapine. C'est lui qui, devenu responsable de la province de Saint-Denis de son ordre, présenta Jeanne Mance à la marquise de Bullion, à Paris, au cours de l'hiver 1640; il en résulta la fondation de l'Hôtel-Dieu de Montréal.

*   *   *

Ici se termine notre «pèlerinage» historique dans la France de l'Ouest des Québécois. Depuis Montargis, la N 7 ramène à Paris via Fontainebleau (un peu plus de 100 km). Si l'on est pressé, on peut emprunter l'autoroute du Soleil A 6; à une vingtaine de kilomètres au nord de Montargis, sur la N 7, se présente sur la droite une bretelle qui y conduit.

Index